「共に学ぶ」教育のいとなみ場

北村小夜の日教組教研・半世紀

志澤佐夜 編

現代書館

「共に学ぶ」教育のいくさ場＊目次

一　教研に行く

初めての教研集会

私が日教組の教育研究全国集会（以下、教研）に参加するようになったのは、第五次（一九五六年）の松山教研の傍聴参加からです。第一次から三次までは大会と言っていて、第四次から集会となりました。その頃分科会は五つくらいあったと思います。（第六次から「特殊教育をどう進めるか」の分科会、一次からは分科会として特殊教育は必ず討議されている。）（注1）

当時のことですから、教研（松山）に行くとなったらもう大騒ぎでした。もちろん前の日から行かなければなりません。東海道・山陽本線で宇野まで行って、宇高連絡船に乗りました。船が高松の船着場に着くと、ちゃんとうどん屋さんがありました。そのさぬきうどんがおいしくて、以来うどん党です。

それから予讃線に乗って、松山に向かうのですが、沿線には塩田が続きます。今ではもう知っている人は少ないと思いますが、枝条架を併設した流下式の塩田(2)でした。竹箒を広げて竹のすだれのようになっている枝条架に海水を通すと、日光と風に当たって濃くなります。それをさらに煮詰めて塩にするのですが、その景色を珍しく見ながら行きました。

当時の愛媛県知事は久松定武さんという松山藩主の子孫で、社会党推薦で知事になった人でした。ところがこの人は、半年後には鞍替えして、日教組の反対を押し切って勤務評定をするようになってしまうわけですが、その時はまだ社会党推薦の立場で、教研集会全体会の歓迎の挨拶で、「この時期によく松山に来てくださいました」「松山城にロープウェイができました。ぜひロープウェイに乗って松山城に行ってください」などと観光案内もしていました。

教研中は道後温泉に泊りましたが、印象深かったのは、教研で大勢客が来て旅館は人手が足りなかったのでしょう、全繊同盟（全国繊維産業労働組合同盟、七四年にゼンセン同盟、現・ＵＩゼンセン同盟）の女性労働者がお布団をしいたり、食事を運んだり手伝ってくれていて、地域ぐるみの連帯感がもてました。

初めての教研集会は、内容もですが、全国に大勢の仲間がいることを実感し、えらく感動したものです。教研集会といいながらかなりゆったりしていて、間を見て名所旧跡も訪ねました。職場の仲間たちもせっかく四国に行くのだから、あそこに行ったらとか、この人に会ってきたら、ここは見るべきなどと教えてくれていました。私はその中から選んで、砥部の県立窯業試験場と日本最大の衝上断層といわれる砥部衝上断層を見に行きました。

注

1　教研集会が初めて開かれたのは一九五一年、日光でした。日教組はその前に、一九四七年奈良県橿原市で最初の結成大会を開き、結成綱領を採択しました。
それは、
一、われらは重大なる職責を完うするため、経済的、社会的、政治的地位を確立する。
一、われらは、教育の民主化と研究の自由獲得に邁進する。
一、われらは、平和と自由とを愛する民主国家の建設のため団結する。
そして、日教組第八回大会で、教育研究活動を組織運動として取り組む方針を決め、教研が開かれるようになりました。五一年十一月、第一回の教研はこうして二五〇〇名の参加のもと日光市で開催されたのです。

2　一九五二年、国内食塩需要量は年一〇〇万トンに対して生産量は五〇万トンで、半分を輸入に頼っていた時期に開発された流下式塩田は、それまでの入浜塩田に比べて能率がよく、採塩部門の産業革命とまで呼ばれました。しかし、その後イオン交換膜法の導入により一九七一年、その役割を終わります。（半田昌之著『塩のはなし』より）

資料1　阿部進さんが語る第一回教研

日光教研に自転車で参加した

村田　そのころは、組合から自立して教育のことを勉強するサークルみたいなものはなかったんですか。

阿部　なかったというよりも、そこからつくり始めたんですよ。

村田　そこで、伊藤さんと二人、日光で開かれた第一回日教組教研集会に自転車漕いで参加した「日光街道三百キロ」という有名なエピソードになるというわけだ。

阿部　日教組は今まで政治闘争ばっかりやってきた。それが初めて「教え子を戦争に送るな」を含めて教育の問題を取り上げた。これは画期的なことじゃないか。歴史的現実に遭遇するチャンスだ。そして、日光大会に行けば、同じ神奈川の端っこからも横浜からも、あるいは全国からきっと誰かが来ている。そいつらと連絡を取ることができるというのも教研というもんだろう。そうだとしたら、組合派遣でなくても、校長に無届けでもなんとかして行こうじゃないかということで出かけた。

伊藤是彦は荷台の大きい実用自転車で、僕はクラスの父親が米軍兵士という子の家で借りたアメリカの競輪用の踏み切りのない自転車。これはブレーキがないから、いつも足を動かしてなきゃいけない。それから米軍の一人用テント、これは雨が降った時に野宿するため。それで、土曜の午後から走り始めて、日曜日に集会に出てそれから徹夜で戻って、月曜の授業には出ようという強行軍のスケジュール。

村田　それで、日光の収穫はどうだったのですか。

阿部　「平和教育」の分科会と、「平和教育をいかに展開するか」という全体会議に出たんだけど、そこで感じたこと、考えたこと、つまり、教師としてどう生きるのか、教育をどう考えるのか、こどもたちにとって何が必要なのかというようなことはみんなその後の僕の考え方や行動のもとになった。そして、期待どおり神奈川各地の仲間とも連絡が取れた。生活綴方をやっていた横浜の小沢勲とか、学校劇の足柄上郡の湯山厚とか、お互いに帰ったら連絡を取り合いましょうということで、すごい収穫だった。

そこで、伊藤是彦がこう言うんだ。「昔、四国の伊予に武左衛門というのがいた。これは、吉田領内の百姓を組織するために四年間祭文語りをしながら歩いて一揆を成功させ自分は磔になった。いうなれば、おれは、磔武左衛門だ。一、二年ずつで転勤して行く先々の学校に教育運動を一緒にやっていこうというやつをつくっていく。おまえは、できるだけ長く今の学校に居つづけておれが連絡をとってきた連中の手配師をやれ」と。そういう分担で、伊藤・阿部というコンビが、五一年から五二年にかけてできあってきたわけです。

（村田栄一編『いま語る戦後教育』三一書房　より）

資料2　丸岡秀子さんが語る教研

教研も、日光集会にはじまって、いま源泉を出ようとしている。一滴一滴のしずくを集め、沢の水を呼び、支流を合わせて、勢いを増そうとしている。創造の仕事に苦しみはつきものだが、それだけに熱いよろこびや美しさが潜んでいることは、交響詩と変わりはない。

そのころの雑誌に、「日本の良心が日光にあつまっていた」と書かれていた。わたしはそれを気恥ずかしく思うまえに、会場を満たす表情に、ときどき涙をのみこむことがあった。

その一つは靴のことである。分科会場にはいろうとすると、そこにぬがれていた靴の多くは、こうやくが張ってあり、底もちびていた。その靴の傷みは、長い戦争の傷みと、まだつながっていた。ピカピカ光った満足な靴は、それこそ一足もなかった。どれをはきちがえても、だれかが損をするということのない、平等な破れ靴ばかりであった。

教研がどんな意地悪い批判を受けたにしても、この破れ靴で冷たい道をここまで自分を運んで来た人たちのめざしていた熱い心に、水をかけることはできないだろうと思う。

（丸岡秀子『ある戦後精神』一橋書房　より）

資料3　第二回教研大会から第四次教研集会

第二回教研大会は一九五三年一月高知市で「平和と独立のための教育体制確立のために」というスローガンがかかげられてひらかれました。

記念講演は「平和と教育」と題して矢内原忠雄氏がおこない、生産教育と平和教育の必要性を述べ再軍備の危機を強調しました。この大会では「平和と独立」あるいは「平和と生産」の問題がとくに組合運動の活動家の参加者の間で激しい論争となりました。そして、「カリキュラム」教師と「組合型」教師のすれちがいということが話題になり、「子ども不在」の政治主義的論議という批判もあらわれ、やがてこれを克服する努力もおこなわれていきます。

この大会に沖縄の平和使節として喜屋武真栄氏が沖縄のきびしい現状を大会で訴え、参加者に深い感銘を与えました。

この時から文部大臣が挨拶にあらわれなくなり逆にこ

の自主教研に対する妨害と抑圧政策がどんどん強められていくこととなります。

国民歌「緑の山河」

この前年国民歌「緑の山河」を決定しました。そして第二回教研大会の冒頭にこの歌がうたわれ参加者の感激の涙をさそいました。

この年、日教組の手によって映画『ひろしま』もつくられました。

第三回教研大会は一九五四年一月静岡市で、「平和と日本国家の独立をめざす民主教育の確立」というスローガンをかかげてひらかれました。

記念講演は「民族の独立と教育」と題して南原繁氏によっておこなわれ、この年を「国民の運命をきめる決定的段階である」と強調しました。「民族を救い真の独立に導くものは人間性の確立と新しい平和文化国家の理想をおいてほかにありません。真理はついに最後の凱歌をあげるでしょう。」とも説かれました。

分科会討論では第二回大会の政治主義的論議の自己批判などもおこなわれ、討論内容が具体的に地域や学校の実態に沿って報告され、実践の中味も出てくるようになりました。

第一回大会に婦人の正会員（レポート提出者を当時はそうよんだ）参加者が十余名にすぎなかったということへの反省があって、一九五二年三月に大阪で第一回婦人教員研究協議会をひらき、さらに五三年には千葉県鴨川市で第二回をひらき第三回は静岡市で三千人大会を成功させました。この大会では「母親と女教師の結合」の必要性をアピールしています。その後第四次からは日教組教研に合流していきます。

平和と真実を

第四次教研集会は一九五五年一月長野市で「平和を守り真実を貫ぬく民主教育の確立」というスローガンをかかげてひらかれました。このスローガンは南原氏の説かれたことの影響が大きかったことを示しています。この年から「次」と「集会」とあらためこのスローガンとともに三〇次の今日までひきつがれています。

参加者は父母も加わり七千名をこしたと記録されています。

記念講演は「民主主義教育の世界史的自覚」と題して上原専禄氏がおこない、歴史学者の立場から「世界の歴史的現実」に立脚して教育にとりくむべきことを説かれました。それは「行きづまりを避け、平凡で、弱い教師も自信をもって教育実践ができる」ことになるのであり、そのために「世界史的認識」の必要性があるともいわれました。

これまでの総合領域的な討論から一歩、職場日常実践に近づけて、教科領域的な討論をおこないうるよう分科会を設定するようになり、そのことによってより実践的な討論がされるようになっていきます。

この集会では、特別委員会がもたれ、教育課程改訂、入試、教科書、就職問題が検討されています。

また市民に送る夕べもこの年からはじめられています。


（日本教職員組合編『教研三十年のあゆみ』より）

教研は私の力

一度教研集会に行ったら、また行きたくなるのです。職場でうまくいかないことがあると、教研に行けば仲間が理解してくれるように思いました。何か成果が得られたときも報告したくなるのです。もちろん、それは全国教研ではなくても、分会や支部の教研でもいいのですが、やはりあの規模による力強さは他のものでは得られません。教育実践を確かめ合いながら、明日からの闘いの勇気が得られるようで教研に通ったように思います。振り返ってみると、在職中はもちろん、その後もほとんどの教研集会に参加しています。

第六次の金沢教研（一九五七年）は、雪が深いなか行われました。分科会は「進路」に出たと思います。その前の松山教研は「幼児」の分科会でした。翌年の別府教研では、南国なのに雪が降りました。温泉プールに蓋をして天幕で覆った会場は寒くて閉口しました。

第九次の千葉（一九六〇年）では、朝鮮戦争以来変わってきたマスコミ状況への対応もあって、初めて青少年分科会ができました。私もレポートを持って参加しました。教研にはよく記念のグッズが作られましたが、千葉教研ではたばこのピースのパッケージに幼い子どもをデザインした「教研タバコ」が出ました。

それから第十次は東京で、第十一次教研の福井では群馬県の島小学校の実践をモデルにした映画『未来につながる子ら』が上映されました。私自身は突然の発熱で行けなかったのですが、前日A新聞に私の映画の紹介文が載って好評でした。

この頃、教育実践といえば島小学校や山梨県の巨摩《こま》中学校が話題でした。壇上で卒業証書を受け取るのではなくて、平場で創意工夫をして子ども中心に演出する卒業式の形式はここから広がっていったのです。子どもたちを主人公にした対面式の卒業式は、子どもを主人公にした日々の教育実践のなかからこそ生まれ得るものですが、広まるにつれ、なかには形だけの模倣もありました。それらは「日の丸・君が代」強制攻撃の前にひとたまりもなかったようです。

斉藤喜博さんについて

斉藤喜博さん（一九一一～一九八一年）は、群馬県佐波郡玉村町生まれ。群馬師範卒。小中学校教師、県教組文化部長を経て、一九五二～一九六三年の一一年間、島小学校校長。この間「教師は教室で勝負すべきだ」と唱え、毎年学校を挙げて行われた公開授業や卒業式には全国各地から参観者が訪れ、その数一万人に及びました。学力水準・体育の向上に重点を置き、その成果は多くの注目を浴びました。

主な著書として『教育愛』『教室記』『学校づくりの記』『授業入門』『授業』『私の教師論』『未来につながる学力』『島小の授業』『島小物語』『斉藤喜博著作集』全八巻などがあり、毎日出版文化賞を受けています。

斉藤喜博さんに関しては、いまだに教育実践にとどまらずその人柄まで慕っている人もいますが、批判的な人もいます。例えば「初めて島小に行ったら、玄関で上履きの藁草履を丁寧に並べているお爺さんがいたので、用務員さんかと思ったら校長先生だった」と言ってものすごく感激する人がいるかと思うと、わざとらしくて何だかいやらしい、と言う人がいたりです。事前に実践を重ね論議を尽くして今日を迎えているのですから、安心して各担任に任せ、授業がスムーズにいくよう彼は案内や草履揃えに専念していたのです。

どんな授業をするのかは充分に論議して、後は必要な支援はするが担任に任せる。小さな学校だからでもありますが、斉藤さんは実によく一人ひとりの子どもを知っていました。

訪れたある日の授業中の教室に、回ってきた斉藤さんが空いている席に座りました。子どもたちのなかから「校長先生がいると安心ね」というようなことをささやくのが聞こえました。もちろん授業はより盛り上がって進みました。そんな光景にも批判的な人はいましたが、私は信頼関係の一端を見るような思いで見ていました。私もずいぶん島小に通ったものです。

教研の質ということについてですが、教科によっては共同研究者の所属する民間教育研究団体の影響が強かったりしますが、全国から教師が実践を持ち寄って議論することは、大変値打ちがあることだと思っています。外国の教員の労働組合を考えても、教科の中身について議論しているというのは珍しいようで、私にしてみれば教研があるから日教組でした。労働条件の向上をめざすだけでなく教育研究を合わせて行うからこそ、広く団結できたと思っています。このことを確認したいとか、このことはぜひ全国の仲間に報告したいという自発的に臨む場合もあれば、全国教研があるから支部でも分会でも教研をしなければという圧力もあったと思いますが、全国教研があるからこそ日常の教育活動に弾みがついたと思います。

教研参加が難しくなったり、運営に齟齬が生じるようになった要素はいろいろあると思います。今では旅行は全然珍しいことではありませんが、あの頃、教研に行くということは教育実践の交流、研修という意味とともに、全国各地に行って見聞を広める意味もありました。職場でも管外出張が順番で行われていました。教育実践の先進校を見学して、ついでに名所仏閣を見てくるようなものでした。校長が認めれば日教組教研も出張扱いでした。

新潟教研では多くの人は間を見て佐渡の金山跡に行きました。私は朝鮮民主主義人民共和国への帰国船に乗る手続きをした日赤の分室を訪ねました。確か元陸軍病院だったと聞きましたが、バラックのような建物でした。もう事業は終わっていましたが残務整理をしている人は、この部屋とこの部屋とこの部屋で三度にわたって意思を確認したと話してくれました。最近になって帰国した人たちの悲惨な暮らしぶりを聞くたびに思い出すのですが、大きな希望をもった人たちの意思は何度確かめても変わらなかっただろうと思います。

そう言えば第三十次教研（東京）は私の勤務校が人権

教育の分科会会場になりました。出張扱いで来た参加者に、名目の学校視察報告を出すため、手っ取り早く分科会会場校の学校要覧を求められました。余りに多いので資料置場の脇に積んでおきました。

「自主研」（日教組がそう名乗っていました）と名乗るからには、自前で行くとか組合費で派遣するのが当然です。協力関係にあったときは、出張・研修扱いでの参加が少なくありませんでした。闘い方の一つだったかもしれませんが、関係が変わったとたん、参加が難しくなったところもあります。

最大の理由は日教組が学習指導要領を大綱的基準と認め、文部科学省（以下、文科省）とパートナーシップを組んだことです。同じ教育に携わるもの同士ですから一致することは一緒にやればいいのですが、現場では対決した闘いが続いているところもあります。その闘いの実践及び実践者が排除されているのです。

資料4　構成劇

第二十次東京教研（一九七一年）から、十次ごとの記念の教研集会では、構成劇が行われました。第二十次日教組教研（同時に第十七次日本高等学校教職員組合教研）では、斉藤喜博さん作詞の「ひとつのこと」からとった「いま超える　ひとつの山」というタイトルの構成劇が演じられ、構成劇の中で歌われました。

構成劇　「いま越える一つの山」

――日教組二〇次、日高教一七次教育研究全国集会を記念して

構　成　日本教職員組合　日本高等学校教職員組合
協　力　日本演劇教育連盟　富田博之
演　出　ふじた・あさや（劇団三十人会）
舞台監督　一谷俊彦（未来プロモーション）
出　演　本郷　潤（東京演劇アンサンブル）
　　　　菊地靖子（劇団民芸）
音　楽　コーラス　ミュージカル・アカデミー
　　　　伴奏　結城久とアンサンブル・ミュゼット
　　　　合唱　西六郷少年少女合唱団（録音）
協　力　安保体制打破・新劇人会議

「ひとつのこと」（斉藤喜博作詞）

いま終わる　ひとつのこと
いま越える　ひとつの山
風渡る　草原（くさはら）
響（ひび）き合う　心の歌
桑（くわ）の海　光る雲
人は続き　道は続く
遠い道　はるかな道
あす登る　山も見定め
いま終わる　ひとつのこと
いま終わる　ひとつのこと

その後、構成劇は第三十次、第四十次、第五十次と行われ、いずれも開催地は東京。第三十次教研の構成劇は「燃えろ燃えろあかるく燃えろ」で、林光さんの作曲した『森は生きている』の中の歌からとられました。第四十次は「子ども・希望・未来　一九九一―二〇〇一」。第五十次は国際シンポジウムを開催した「平和・人権・環境　共生の世紀へ」でした。

記念講演が楽しみだった

教研集会というと、全体会で行われる記念講演が値打ちものでした。講師の方も、全国の教師を網羅する日教組の教研集会だからと真剣に話をしてくださったと思います。

講師と演題は、

第二回（一九五三年）高知　矢内原忠雄「平和と教育」
第三回　（五四年）静岡　南原　繁「民族の独立と教育」
第四次　（五五年）長野　上原専禄「民主主義教育の世界史的自覚」
第五次　（五六年）松山　都留重人「アジアの日本」
第六次　（五七年）金沢　阿部知二「歴史と人間形成」
第七次　（五八年）別府　末川　博「教育の壁」
第八次　（五九年）大阪　桑原武夫「日本の教育者」
第九次　（六〇年）千葉　坂田昌一「科学時代と人類」
第十次　（六一年）東京　上原専禄「民族の独立と国民教育の課題」
第十一次　（六二年）福井　務台理作「教師と教育労働者」
第十二次　（六三年）鹿児島　中野好夫「自主教研にほこりを」
第十三次　（六四年）岡山　湯川秀樹「創造性と自己制御」

第十四次（六五年）福岡　戒能通孝「憲法を守れる人びとを」

という具合で時代を感じるものもありますが、マスコミも含めて注目を浴びていました。

第十五次（六六年）は福島で、堀田善衞さんの「アジア・アフリカの政治と文化の問題」は印象深いものでした。当時堀田さんはアジア・アフリカ作家会議で活動中でしたので、そのなかでの出会いや感じていることを中心としたお話でしたが、アジア・アフリカのジャーナリストや高官が、広島に投下された原子爆弾の原料のウラニウムがコンゴの鉱山から出たことや、サハラ砂漠で実験が行われたことに責任を感じていて、日本人と分かると涙を流して謝ったことと、それを伝えても日本の運動体は内輪喧嘩に明け暮れ、国際連帯と言いながらこのような人々に、同感や連帯の意を示さないことに対して遺憾の意を示していました。また同様に、日本人が沖縄問題に無関心であることにふれ、お子さんの学校で先生が、「おうちに日の丸のない人」と聞いたので（当時はすでに一九五八年の学習指導要領改訂で、特別活動のところに「国民の祝日などにおいて儀式などを行う場合には、児童に対してこれらの祝日などの意義を理解させるとともに、国旗を掲揚し、君が代を斉唱させることが望ましい」と入っていました）、お子さんは、家に日の丸はないので手を挙げました。そしたら先生が、「どこの家にもあるんだよ」と言われた、と泣いて話したというのです。それで堀田さんは「日本であっても日の丸を揚げられないところがある。それは沖縄だ。日本中こぞって揚げられるようになるまで、うちは日の丸を揚げません」とちゃんと言いなさいと話したと語りました。（でも、沖縄で揚げられるようになっても、揚げたくはないですよね。沖縄が帰ってきたといっても中途半端なものでしかないですし。）

まだ当時の学習指導要領は「望ましい」という表現でしたから、私たちの周辺では「日の丸がどこの家にもあるなんて、そんなこと言う学校あるの？」という感じで聞いて、学校によってはもうそこまで行っているのかと驚いたくらいでした。それでもアジア・アフリカや沖縄の問題を再認識した講演でした。

その後も、第十七次（六八年）は、遠山茂樹さんの「思想統制とたたかう力」。第十八次（六九年）、家永三郎さん「国家と教育」と続きます。

第四十三次（九四年）の神戸教研の記念講演は永井憲一さんで、演題は「子どもの権利条約と日本の教育の未来」でした。子どもの権利条約（一九九三年採択）を早く批准させようという意図だったと思いますが、開口一番「このところあちこちの学校に子どもの権利条約についてお話に行くのですが、多くの先生が『今でさえ生徒たちは勝手な主張ばかりして手に余ります、これ以上生意気になったら困ります』とおっしゃいますが、条文を見て下さい。十二条の意見表明権には、前に『自己の見解をまとめる力のある子どもに対して』とありますから、やたらに主張するわけではありません」と言ったのです。途端に会場がざわつきました。廊下に出て見ると障害者が大勢出て怒っていました。車椅子の木之下孝利さん（骨形成不全の障害をもつ。二〇〇〇年死去）を中心に、教研事務局に抗議に行きました。意見表明はどんな子どももしている、それを読み取るのが大人の役割ではないか、言葉で表現できないような子の意見表明を無視するような解釈をするなら「子どもの権利条約」などいらないと言ったのです。結果としてこの部分は講演記録から削除されています。

かつては教研の記念講演を楽しみにしている組合員は少なくありませんでした。教研の日程が決まると場所とともに「記念講演は誰？」と聞いたものです。しかし、永井さんに限らず、それぞれ分野では優れた実践をおもちの方であっても、差別の問題では疑問視される発言があったりして、記録集掲載の段階で加除訂正されることも珍しくありませんでした。

資料5　資料　記念講演

記念講演は、ふつう、第一日の午前の全体集会の最後に行なわれる。一万にちかい、あるいは一万をこえる参加者にとって、それは、全体集会のなかでも、もっとも強い期待がかけられる一瞬である。そのことは、けっして事大主義ではない。参加者は、全神経を集中させて、意味のある呼びかけや、思いがけない新しい発見を待ちうける。講演者は、一万人の集団に話しかけるというより、一万人を構成するひとりびとりに話しかける。しかし、一万人のひとりびとりを目の前にして、その胸におちるように話しかけるということは、想像をこえた精神の緊張なしには不可能である。

もちろん、記念講演は、完全に個人の責任において行なわれる。個人の責任において、日教組批判、日本の教師批判さえも語られている。一方に、語りかけるものの自己責任の自覚があり、他方に、語りかけられるもののするどい判断力と「批判に耐える能力」（戒能通孝氏）がある。その相互信頼が、語りかけるものと語りかけられるものとを結びつける。

しかし、個人の責任で語られるといっても、それは教育研究全国集会という場のなかで語られているのであって、いわゆる通常の文化講演会の講演ではない。そのことを自覚したうえで、講演者はこのたいへんな仕事をひきうけるのだ。個人の責任において発言しながらも、その発言は、まさしくその内容そのものによって、ひとりびとりの教師のなかへはいりこむ。そしてそのことを通じて、教研活動のなかへはいりこんでいく。逆にいえば、教研活動という一つの大河の流れがあるからこそ、一時間あまりの講演は、通常の文化講演会とはちがった、生きた浸透力をもつのである。講演者の力量はもちろんのことながら、語りかけられる全国の教師と父母の、それを受けいれる力を忘れてはなるまいと思う。

（日高六郎『歴史と教育の創造――日教組教育研究全国集会記念講演集』日教組編　一ツ橋書房刊）

資料6　日教組教育研究全国集会／開催年表と記念講演一覧

回　数	集会期日	集会場所	記　念　講　演
第1回	1951.11	日　光	平和と教育／清水幾太郎、独立日本の経済的基礎／大内兵衛、日本の教育の課題／城戸幡太郎
第2回	1953.1	高　知	平和と教育／矢内原忠雄
第3回	1954.1	静　岡	民族の独立と教育／南原繁
第4次	1955.1	長　野	民主主義教育の世界史的自覚／上原専禄
第5次	1956.1	松　山	アジアの日本／都留重人
第6次	1957.2	金　沢	歴史と人間形成／阿部知二
第7次	1958.1	別　府	教育の壁／末川博
第8次	1959.1	大　阪	日本の教育者／桑原武夫
第9次	1960.1	千　葉	科学時代と人類／坂田昌一
第10次	1961.1	東　京	民族の独立と国民教育の課題／上原専禄
第11次	1962.2	福　井	教師と教育労働者／務台理作
第12次	1963.1	鹿児島	自主教研にほこりを／中野好夫
第13次	1964.1	岡　山	創造性と自己制御／湯川秀樹
第14次	1965.1	福　岡	憲法を守れる人びとを／戒能通孝
第15次	1966.1	福　島	アジア・アフリカの政治と文化の問題／堀田善衛
第16次	1967.1	伊　勢	伝統と創造における世界と日本／木下順二
第17次	1968.1	新　潟	思想統制とたたかう力／遠山茂樹

第18次	1969.1	熊　本	国家と教育／家永三郎
第19次	1970.2	岐　阜	主権者と教育／丸岡秀子
第20次	1971.1	東　京	日本とアジア／大内兵衛
第21次	1972.1	甲　府	環境破壊と人間／島恭彦
第22次	1973.1	和歌山	憲法・地方自治・教育／蜷川虎三
第23次	1974.1	山　形	日本国憲法における人権と平和／高柳信一
第24次	1975.1	岡　山	日本の教育改革／梅根悟
第25次	1976.1	大　津	日本の子どもたち／羽仁説子
第26次	1977.1	埼　玉	教師ぎりぎりいっぱいの仕事／日高六郎
第27次	1978.1	沖　縄	人類史のなかの環境問題／宮本憲一
第28次	1979.1	水　戸	子育て教育のシビルミニマム／大田堯
第29次	1980.1	高　知	人権と教育／沼田稲次郎
第30次	1981.1	東　京	教育がになう平和・軍縮／小林直樹
第31次	1982.1	広　島	核時代における私たちの課題／今堀誠二
第32次	1983.1	盛　岡	やわらかい水、流れて、ついには岩にうちかつ／林光
第33次	1984.2	神　戸	昔とこれからと、そのあとの昔とこれから／国分一太郎
第34次	1985.1	札　幌	核兵器が勝つか、平和教育が勝つか／服部学
第35次	1986.1	大　阪	教育を改革するとはどういうことか／大田堯
第36次	1987.5	東　京	初心を忘れず／大江志乃夫
第37次	1988.10	東　京	先生に送るエール／干刈あがた
第38次	1989.8	盛　岡	教育と歴史の創造／山住正己
第39次	1990.3	岡　山	国際環境の変化と教育のあり方／浅井基文
第40次	1991.1	東　京	アジア太平洋における冷戦の終結と日本外交／関寛治
第41次	1992.1	千　葉	新しい世界秩序における国権と人権／武者小路公秀
第42次	1993.1	秋　田	教育研究活動と人権の思想／日高六郎
第43次	1994.1	神　戸	子どもの権利条約と日本の教育の未来／永井憲一
第44次	1995.1	長　崎	戦後50年の再検討／色川大吉
第45次	1996.2	大　阪	時代を切り拓く教育をめざして／西澤潤一
第46次	1997.1	岩　手	教育を社会の中心に／市川昭午
第47次	1998.1	鹿児島	アジアの人びとと共に／大石芳野
第48次	1999.1	岡　山	21世紀の子どもと学校／河合隼雄
第49次	2000.1	金　沢	21世紀への希望と子ども／暉峻淑子
第50次	2001.1	東　京	21世紀における平和実現をめざして／李　仁夏
第51次	2002.1	宮　崎	憲法・文化・教育／加藤周一
第52次	2003.1	奈　良	それぞれの原点に戻ろう（原点主義）／なだいなだ
第53次	2004.1	埼　玉	生きること、学ぶこと／中坊公平
第54次	2005.1	北海道	2005を拓く―育児は育自のとき―／落合　恵子
第55次	2006.2	三　重	先生の力／重松　清
第56次	2007.2	大　分	森を育むもの／C．W．ニコル

二　障害児教育分科会

障害児教育分科会に参加するまで

教研集会のなかでも、特に障害児教育分科会では発達保障論派の共同研究者や障害児教育部長にレポートを見ていただくという感じで、私たち障害がある子もない子も「共に学ぶ」教育をめざす教員がレポーターになる余地はありませんでした。その頃、民教連（民間教育研究究連盟）なしには教研はできない、というような状況がありました。

教研は多くが一月の終わりに行われてきました。南国であってもよく雪が降りました。第十二次（一九六三年）の鹿児島教研のときは大雪が降り、現地で長靴を買いました。売り切れ直前で、足に合うのはショッキングピンクだけでしたが、ありつけただけ幸運でした。

この頃は民教連傘下の各代表は日教組の招待だったのでしょうか、共同研究者並の待遇でした。当時、「反文部省」を理論的に支えていたのは民教連だったのです。私も何度かその扱いで参加しています。宿舎も一流で、何かと便宜をはかってもらえるのですが、当時民教連傘下で共産党系でなかったのは、私の所属していた演劇教育連盟だけだったようで、どうも居心地はよくありませんでした。

私が正式なレポーターとして参加したのは、第十三次（六四年）岡山教研の進路指導分科会でした。当時、東京すなわち都教組（東京都教職員組合）は今で言う全教（全日本教職員組合。労働組合再編の結果、一九八九年に結成された日本労働組合総連合会=連合に日教組が加盟したことに反発し、反主流派の共産党系の単組が離脱。九一年、日本高等学校教職員組合の共産党系組織と組織統一して結成）の人が多数で、そうでない私たちが普通にレポートを出しても東京代表のレポーターにはなれませんでした。当時、特殊学級卒業生の進学・就職など進路に苦慮していましたので、「進路指導」の分科会に「障害児の進路指導を考える」というレポートを出しました。幸いレポート提出者が少なかった上、テーマが珍しかったので、東京代表レポーターになれたわけです。現地では東京レポーターには一括した宿舎があてがわれていました。三十数人の中、全教系ではないのは私一人だけ、宿舎に帰ってからの報告会など居心地がよくありませんでした。

この時期、人権の分科会では、解放教育をめぐる抗争が激しく、傍聴席の確保を早朝から共産党系（発達保障論）の人と社会党系の人双方が競っていました。

第二十一次（七二年）の甲府教研から自主研が始まりました。この頃から、右翼の介入に対して警備がすさまじくなり、日教組と県警の検問を通らなければ会場に入れなくなりました。

高知から障害児教育分科会に

障害児教育分科会に参加するようになったのは、第二十九次（八〇年）の高知のときからです。それまで進路指導分科会に出たのですが、実質私の発言は障害児も共に働くということについてでした。私のレポートに賛成発言をしてくれるのは兵庫と山口くらいでした。

第二十八次（七九年）の水戸教研では、障害児教育分科会が抗争の焦点でもありました。発達保障論派の人が、第二十七次（七八年）沖縄教研の人権分科会に出した止揚学園（一九六二年、福井達雨さんが設立した重い知的障害児の施設）や東京の松沢みどりさんの地域の学校への転校闘争を批判するレポートの表紙だけ換えたようなものをまたもや第二十八次の障害児分科会に提出したので、怒り心頭に発して、皆で行ったのです（七八ページ参照）。

第二十九次の高知教研のときは、前の晩、滋賀の止揚学園に泊まって意を固め、学園のメンバーも一緒に高知に向かいました。まだ小分科会があったのですが、焦点の会場に移動しながら論争を繰り返しました。

七九年に養護学校義務制が全国的に実施されたこともあり、障害児教育分科会の抗争は続きました。ヤジに明け暮れたような時もありましたが、ヤジによって辛うじて教研の質が保たれた感もあります。

　第三十一次（八二年）の広島教研から石川憲彦さん（小児科医、児童精神科医）が共同研究者として加わられました。すでに日教組の方針が、「早期発見・早期治療」からは脱却できていないものの、社会党・総評等と連携して、「共同教育」を進める方向に変わっていたこともあって障害児教育分科会の雰囲気がだいぶ違ってきました。傍聴の障害者も元気でした。それに現地司会者や会場担当には「共に学ぶ」ことをめざす人が多数でした。なかでも森保俊三さん（自身が障害をもつ元養護学校教員）と仲間の活動は迫力がありました。おかげで私たちもフロアから何度も発言できました。発言中、現地の仲間はしっかりマイクを支えて発達保障論派の怒号から守ってくれました。まだ東京では発達保障論が優勢でしたので、発言しながら内心帰ったらどんな仕返しを受けるだろうかと案じたものです。

高知新聞 夕刊
昭和55年（1980年）1月25日（金曜日）
全国教研集会ひらく
人間回復の80年代
新たな教育 創造の道追求
『権力に弱い教師』批判
槇枝委員長あいさつ
モスクワ五輪拒否
米下院が圧倒的多数で決議
通常国会 再
両院で政府
首相 ソ連
40%台に大幅圧
電力料金の値上げ 通産省首

資料7　教研集会開催を大きく伝える高知新聞

資料8　高知教研速報

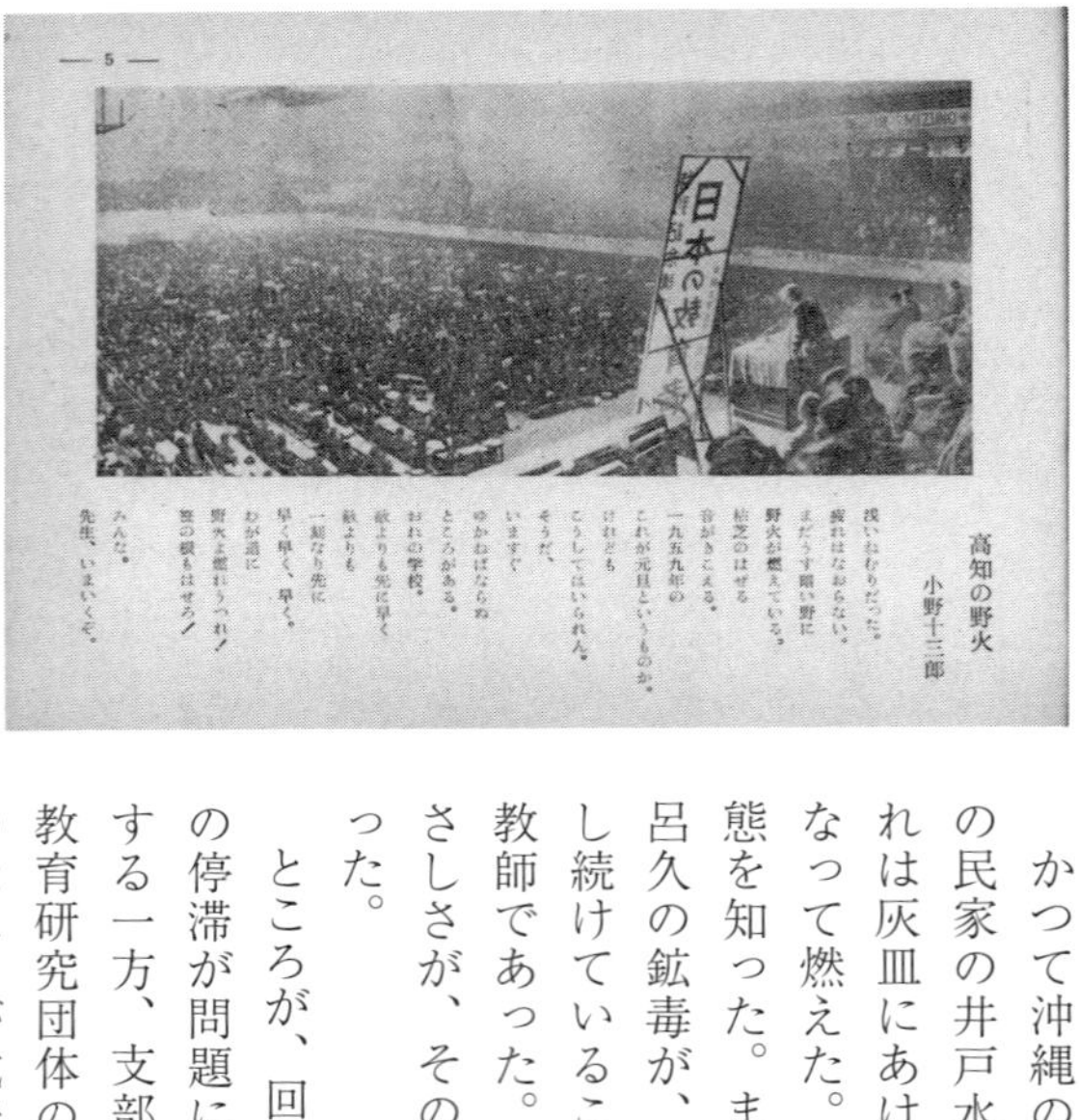

小野十三郎詩

資料9　「日教組のぬけがら」　北村小夜

一九五一年、〝教え子を戦場に送るな〟を合言葉に第一回集会を開いて以来、年に一度の日教組教育研究全国集会は、各県から選ばれた仲間の実践報告を土台におこなわれ

る。

かつて沖縄の教師は、嘉手納基地近くの民家の井戸水をもってきてくれた。それは灰皿にあけてマッチをすると火柱になって燃えた。私たちは沖縄の基地の実態を知った。また廃坑になって久しい土呂久の鉱毒が、いまだに人々の心身を侵し続けていることを告発したのは宮崎の教師であった。ひ弱な子どもを案じるやさしさが、その根源をつきとめたのであった。

ところが、回を重ねて三二次、最近、質の停滞が問題にされている。パターン化する一方、支部や県段階の教研が党派や教育研究団体の争いの場となり、数で勝ったほうが代表という所が多くなるにつれ低迷は当然である。

その最たるものが、障書児教育分科会である。代表は県段階の討論をふまえ、たとえ本人の実践が中心になるにしても、どのような反論があり、どのような賛同を得たかくらいは併記すべきであると思うのだが、あらゆる手段を使ってレポーターになるや、他の意見はすべてきりすて、自分の所属する団体の主張をならべて提出する。結果として、障害児教育問題で全国的な注目を集めている金井康治君や石川重朗君、梅谷尚司君たちについては、東京、静岡、奈良のレポートは無視し、滋賀代表は、地域の学校で学び続けたいという止揚学園のとりくみを誹謗中傷する報告をしたりした。

会場確保の困難さとあわせて教研集会のあり方の見直しが迫られるゆえんである。ただし、見直しは教研部分についてだけでなく、日教組の組合運動総体の中で行わなければならない。

組織が古く大きくなれば、おさまりきれない闘争がでてくる。教研といえば一万数千人の参加者にむけて、支援を訴えるビラを配る人の横に長い列が、会場入り口や駅前にできたものである。私たちはそれによって全国個別闘争の実態を知り、連絡をとりあったものである。ところが今次は、恐らく史上最少であった。もう定例になっている「自主研ビラ」「金井康治君転校要求」「青い芝の会の優生思想反対」の三種と、あるセクトの機関誌のほかは、愛知県の藤村氏の〝心ある教職員に訴う〟というビラだけであった。そのビラは「エックス線受検を拒否し、厚生計画に参加したという理由で減給処分をうけた。この不当な処分は氏の平和教育や統一テスト批判などに対する報復である。しかも組合は支援をしない」というものである。

かつて槇枝委員長は、「管理された教師が、子どもに管理的に対応しているのでは……」といいましめたが、教育が自由であるためには教師が自由でなければならない。教師に対する管理は愛知に限らない。組合の対応も似たりよったりであろう。無残な実態は各地にあるのだけれど、それを訴える教師、連帯をよびかける教師はいない。立ちあがる気力も、ビラをまく余裕も失ってしまったのだろうか。それとも、もう魂の下駄を権力に預けてしまい、いま自分のまわりにおこっていることの異常さに気がつかなくなっているのかもしれない。

一九七〇年、指導要領違反などを理由に懲戒免職処分をうけた茅嶋洋一氏は自立していまも闘いを続けているが、高裁結審を前にした本人尋問で裁判長が「いまかりに現職にあったとして、同じ授業をしますか」ときいたのに対し「今こそ必要だと思います」と答えた。

伝習館闘争を闘う仲間は、日教組よ伝習館闘争をきりすてて教育課程自主編成運動はなりたつのか、とつきつけて一九七二年教研現地山梨で自主研をひらいた。以来次々にうけつがれ、全国個別闘争と連帯してきた。最近は障害者や地域で共に学びあおうという人々の参加がふえてきた。
今次自主研は一晩だけであった。参加者は現地で準備をひきうけてくれた人々と常連を除けば、ビラをうけとった人であった。連帯できる仲間を求めて教研にきたのだけれど納得できずつい自主研にきた。伝習館闘争も知らなかったし、発言もできなかったが、ある満足を得たという。自立して闘う人々の人間らしさをみたのであろう。
組織はこのような自立した個を育みながら歩むとき、自らよみがえるのではなかろうか。

（きたむら　さよ・中学校教師）

（『朝日ジャーナル』一九八三年三月二十日）

共同研究者になって

障害児教育分科会の共同研究者になったのは、第四十二次（九三年）の秋田教研のときからで、第五十次（東京）まで九年間務めました。当時すでに定年退職して七年もたって六七歳になっていましたが、発達保障論派もいなくなったのでじっくり共に学ぶ道筋を固めていけるのではないかと思って引き受けました。共同研究者になったとき、森保俊三さんが「一度も（この分科会の）レポーターになったことがないのに、こっち向いて座っている」と言ってからかいました。言われて改めて障害児教育分科会の来し方を振り返り、感無量でした。

共同研究者には広島（八二年）の石川憲彦さんに続いて、翌年には和光大学人間関係学部教員の篠原睦治さんが（時々、専修大学教員の嶺井正也さんも）入られました。当時はまだ、助言者（三九次（一九九〇年）から共同研究者に変更）は本人が辞退しない限り日教組から断ることはないという形をとっていましたので、方針が「共に学ぶ」に向かっていても、数年間は発達保障論派の清水寛さん、茂木俊彦さん、西村章次さん、太田郁朗さん、吉本哲夫さんもおられたのですから、随分ご苦労があっただろうと思います。しかし、最近になって考えるのですが、分科会自体がそうであったように、あの時期がかえって張り合いがあったのではないかと思います。

私が入ったときは、前年に入られた石毛鍈子さん（飯田女子短期大学教員・当時）、石川さん、篠原さんと私で共同研究者団は至って和やかですが、分科会運営はそうはいきません。提出されたレポートの多くは特殊教育学校・学級の実践ですから。でも、それはやむを得ないことでもあります。戦後、日教組は障害児の教育権の保障のつもりで特殊教育諸学校・学級の増設を計りました。つくったからにはそこで学ぶ子の教育権や働く人の労働条件も保障するのは当然ですから。

しかし、その分離が差別であることに気がついたので方針を「共に学ぶ」ことに変えました。そして反対の人たちは出て行ったのです。誰はばかることなく「地域の学校で共に学ぼう」と掲げて踏み出すべきですが、特殊教育を担ってきた人たちの自負は強固で、その一歩が出ないのです。そのあたりをまどろこしく思われたのか、石毛さんは二年で退かれ、大阪市立大学教員の堀智晴さんが加わられました。篠原さんは第四十九次（二〇〇〇年）で退かれました。私は度々レポート批判をしたことで反発もありましたし、後日、県・支部段階から抗議も受けることもありましたが、方針は明らかにしてしておくべきだと言ってきました。

第五十次（二〇〇一年）で辞退したのですが、それは自身の聴力の減退に気がついたからです。辞めるにあたっては、後を誰にお願いするか考えに考えました。女は一人ですのでこれは固持するのは絶対、あとは〝共に〟を進める人なら誰でもいいのですが、私の場合は同僚ということで気安さがあったのですが、昔の流れでもう少しケンイのある人がいいという声も耳に届いていましたので、弁護士の大谷恭子さんを推薦しました。それで児童精神科医師の石川さん、大学教員の堀さん、弁護士の大谷さんという強固な共同研究者団ができました。

ところが大谷さんは、金井康治さんの養護学校から地域の学校への転校闘争での裁判（一九七七年）以来、障害児の教育問題に関わってこられたのですが、日教組との本格的な付き合いは初めてでした。日教組の障害児教育と言えば、以前から付き合いのある山口正和さん（大阪府豊中市）、高木千恵子さん（東京都）、片桐健司さん（東京都）など〝共に〟をめざす教員が大勢いるものだと思っておられたふしがあり、最初は手にしたレポート集を読んでがっかりし、集会の論議にも戸惑いがあったようで、続けるかどうか迷われたようでした。今はすっかりなじんでおられます。

発達障害が注目されるようになった頃から二五年も共

同研究者を続けた石川さんが、多忙を極め引退をほのめかされていました。発達障害との関わりとともに、どこか「ここまでやっても……」という思いが見え、引き止めるのは無理かもと思い、そうであれば後をお願いする人を考えておかなければと考えていました。それはもう小児科医であり、障害児のお母さんでもある梅村浄《きよら》さん（保健体育分科会の共同研究者山田真《まこと》さんのお連れ合い）しかありません。結果として第五十六次（二〇〇七年、大分）から参加して下さっていますが、ちょうど障害をもつ涼さんを含め、お子さんが皆自立されたこともあって一応了解して下さいました。いざというときはと念を押して推薦して、石川さんには可能な限り続けてもらいたいと願っていました。それまでもご自分の思いが伝わらなくていらだっておられたように見えるときがありましたが、第五十五次の三重教研が決定的だったと思っています。

それは寄宿舎問題でした。その時期、養護学校の寄宿舎のありようが存廃も含めて話題になっていましたので、その関わりで障害児分科会には数本のレポートが出ていました。私は寄宿舎といえば、義務化の直後ですが、第三十二次の盛岡教研（八三年）で聞いた「昔は息子を兵隊に取られたが、今度は孫を学校に取られる」と言って嘆いたおばあさんの言葉を思い出します。

北海道の過疎の町では、養護学校を誘致して生徒が一〇〇人、職員一〇〇人計二〇〇人が住んでくれるようになり、二軒あった理髪店がつぶれないですんだという話も聞きましたが、保護者は土日の帰宅の送り迎えが大変だと言います。

本来家庭から通える学校に入るべきなのに、寄宿舎に入ること自体不自然なことですが、やむを得ないのであればなるべく家庭に近い環境にすべきだと思うのです。頑是ない一年生がけなげに職員を「先生」と呼んでいるのを見ると切なく思ったものです。レポーターである寄宿舎職員は、今まで家族に代わって子どもを育ててきた自負をもっています。自分の身分の向上にも力を入れてきました。そのためにかけがえのない仕事と位置づけることになります。そこに入って来る子は他に行くところのない子であることを強調します。「家庭で養育することができない子どもは普通は児童養護施設に入りますが、障害児は入れてもらえません。養護学校の寄宿舎に入っている子はここしか行くところがないのです」と言います。

それに対して、石川さんが地域の学校から分けられて養護学校に入った上、なぜ寄宿舎に入らなければならないのか、本来地域で暮らすべきなのに（わたしもそう思うのですが）、と問えば、「こういう障害で、こういう家庭で、ここしかない」と応えます。養護施設があるではないかと言えば、「障害児は入れてくれません」という繰り返しです。そこを突かなければいけないのだと石川さんは言います。なぜ、障害児を養護施設が排除するのかという闘いを組むことなく、養護学校の寄宿舎で引き受けて維持しようと頑張るのですから、中身の論議はできませんでした。

たぶん、石川さんが諦めたのはあのあたりだと思っています。せっかく発達保障論派の人がいなくなって仲間だけになったはずなのに、なぜ話が通じないのか。

一方では日教組も組織率が下がるとともに、文部省と協調路線を組んだこともあって、ラジカルな取り組みが難しくなってきました。養護学校などなくていいなどとは、発達保障論派の人がいなくなってからのほうが言いにくくなっているようです。組織維持のためにはどんな人にもいてもらわなければなりませんから。

地域の学校で共に学ぶことを進めるには、何よりも地域の普通学級をどんな子にとっても居心地のよいところにしなければなりません。少々しんどくても条件が整わなくても、素手で引き受けるところからしか始まらないと思うのです。

障害児教育分科会だからできたこと

二〇〇八年の第五十七次教研（東京）に参加した岸田静枝さん（儀式で君が代のピアノ伴奏を拒否して処分を受けた練馬の音楽の教員）が、障害児を含めた実践報告を音楽の分科会に出して疎外感をもったと話しています。「ここは、全教の組合じゃないよね。共に学ぶことをめざす日教組だよね。何で私がここで孤立しなければいけないんだろう」と思ったというのです。「『（障害のある）〇〇ちゃんがいるのも当たり前じゃない。〇〇ちゃんがいると調子が狂うのは当たり前じゃない』と言うと、露骨に違和感を示されます。建前は『共に』でも、やっぱり音楽コンクールなどを前提に行われる授業では、どうしても違ってきて、『調子狂うのが当たり前』では通らなくなってくる」と嘆いていました。だから全教と日教組が分かれてよかったこともありますが、安堵から意欲を失った面があります。

発達保障論の全教の人たちが日教組から分かれて出て行ったという安堵のなかで、障害児を普通学級に入れるのは賛成だけど、それには手立てが必要だとか、そう簡単にはいかないということが、かえって言いやすくなっているように見えます。

それに対して私は、何もなくてもともかくやれるところから、素手でもいいからやろうよと言ってきました。この子を普通学級に入れるなら、介助者がいたらいいね、とそこで条件をつけてしまうと、次に受け入れるときは、介助者が配置されれば引き受けるというように必要条件にしてしまう。介助者とかいうのは、まずは自分がクラスの子として受け入れるからついてくるものだと思います。でも、そこで「素手でやろうよ」ということをその学校の誰かが言えばいいのですが、そうはならないのだからという論議が障害児分科会で繰り返されるなかで、つい自分の経験を話したことがあります。

かつて現場にあった私が共同研究者の立場で言うことは、今、条件の厳しい現場にいる教師たちのプライドを傷つけることになったようです。「私は（素手で、何もなくても）やったよ」と、言われた側には聞こえたのでしょう。そうすると少しうっとうしいと感じるのではないでしょうか。一方で、「そうだよ、やってみなければ……」と言う人はもちろんいましたが。

発表されたレポートのなかで、私ならこうしないなあと思うレポートもたくさんありました。例えば、手のかかる子を普通学級で引き受けるのに、特殊学級をつくったことにして担任教員名目の人手を増やして（普通学級で）やっているというような実践を成果として報告されると、心穏やかに聞くわけにいきません。公に特殊学級をつくるということは、普通学級では教育できない子であることを申請しなければなりません。そうして得た人（特殊学級担任）の協力で普通学級でやるということは、行政との合意、あるいは黙認、馴れ合いがなければできないことです。このような馴れ合いを組合運動の成果とする報告も少なくありませんでしたが、このような取り組みは、力関係が変われば無残です。運営上の問題が起こる可能性もあります。第一、子ども本人に失礼です。本人・保護者が地域の学校で学ぶことを希望するなら、当たり前に素手で引き受けた上で、必要があれば普通学級に人をよこせよという新たな取り組みをすべきです。そうしなければ世の中良くなっていきません。実際にそういう実践もあります。

でも、このような論争ができるのは共に学ぶことをめざす仲間内のことです。それぞれの地域でそれぞれの地域の事情に合わせて実践してきたことは認めざるを得ません。そもそも日教組は網羅組織ですから、いろいろな意見や取り組みがあって当然です。それに教研の中で指摘されたり評価されたことを持ち帰り、見直し、積み重ねながら、全体として障害児に対する理解は少しずつではあるが進んできているように見えます。

かつて熱心に養護学校建設促進を唱えた全日本手をつなぐ育成会（知的障害者の親の会）でさえ、「就学先の決定に際して保護者の意向を尊重するため学校教育法施行令第五条の見直し」を求める意見書を出したり（二〇〇八年十二月）、「特別支援教育は、居住地の小・中学校で！」という提言をしています（二〇〇九年七月）。全教の人たちも「共に学ぶことはいいことだ」と言うようになってきています。ともかく誰はばかることなく「共に学ぶのは理想だ」と言えるようになったのですから、前進に違いありません。しかし、理想と言ったからには、近づける努力をしなければならないのですが、実際にはその前に「ただし……」とか、「現実にはそうはいかないよ」という声が上がります。その声の中には厳然たる能力差別もありますが、自負をもってその子のためと思って関わってる人もいます。

よくここまで来たなあ、やはり障害児教育分科会で実践を出し合い議論してきた甲斐があったと思う一方、戦後の何十年かを考えると、それに加えて国際的な人権意識の向上の効果が大きいと思わざるを得ません。「子どもを分けるな」とか「障害のある子も共に」ということは人権問題（生活権、社会権）として言える時代になってきたと言っていいでしょうか。

戦後六五年、未だ民主主義が十分に根付かないのに、巻き返しはすさまじい状況です。でも人権のことだけを考えたら、戦争直後は何もありませんでした。四七年教育基本法にしても人権、特に子どもや障害者の人権については不十分でした。実態としては障害者をあからさまに差別してもかまわないという時代状況でした。公のことばでは、「知的障害」は「精神薄弱」と呼ばれ、その程度を「白痴」「痴愚」「魯鈍」と表現し、しかも白痴と重度の痴愚は教育の対象からはずされていました（一九五三年「教育上特別な取扱を要する児童生徒の判別基準」）。まして娑婆では露骨でした。

それが少しずつ、少しずつ、そうはできなくなってきています。そういう意味では少し良くなってきてはいると思いますが、日本政府は、子どもの権利条約を批准する際（一九九四年）も何一つ法制度を変えずに実働化させようとしませんし、もちろん文教政策もひどくなってきています。教育基本法が改悪され、憲法さえも変えられようとしていますが、一度目覚めた人権意識はそう簡単に逆戻りしないでしょう。厳しい状況にあっても人権意識はだんだん上昇しています。

その人権意識の高揚にのって、障害があっても共に学ぶのは当たり前だと認めなければいけないということが、皆にだんだんわかってきたのではないでしょうか。こういう時だからこそ、現場から切り開いていこうというレポートが出てこなければならないのに、最近どちらかというと現状維持みたいなレポートに落ち着いてしまっているように見えます。

障害児教育分科会が他の分科会と決定的に違うのは、共同研究者を講師扱いしない、発言はレポーターを優先するものの、発言の要求がなければ時間を配分して機械的に報告を求めたりせず、むしろ要求のある傍聴者の発言を大切に扱ってきました。

それは、私たちがまだ共に学ぶことをめざす側のなかから共同研究者を出せていなかった時代から取り組んでつくり上げたものです。限られたレポーターの「実践」を形式的に聞いて、レポーターだけで論議し共同研究者の意見を拝聴するというのでなく、障害者を含めた参加者全員の要求に応える運営方法です。第三十七次（一九八八年）から、障害別、問題別の小分科会設置を廃止しましたが、これもその一環です。初期の頃は、レポーターは「正会員」（注）と呼ばれていました。そのなかには討論の柱などに関係なく県の代表として発言し、尊敬する講師（共同研究者）の評価を得て帰りたいという人もいました。しかし、傍聴者も含め参加者全員で論議を集中させようと、発達保障論者といわれる人が多数を占める分科会の中で現れてきた共に学ぶことをめざす司会者、レポーター、障害者を含む傍聴者が頑張ってつくり上げたものです。

この運営方法を私たちは今でも誇りに思っていますが、最近は各県段階から県代表に一様に発言を求める声が上がっていると聞きます。私もレポーターでもなく共同研究者でもなかったときから、ある時はなりふりかまわず共に学ぶ教育を進めたい一心で発言を求めてきました。今考えるとかなり強引な形だったように見えますが、最も切実な訴えをきちんと受け止めるという分科会の運営になっていきました。それによって辛うじて障害児教育分科会の質が保たれてきたと思います。

他の大部分の分科会では、混乱を避ける意図もあってか、レポーター中心に論議する形で進められていますが、障害児教育分科会では、レポートを疎かにするわけではないけれど、一番重大なことに関して話をしようということで、分科会の運営にあたる司会者・共同研究者団が基調提案をして、それに賛同が得られれば、例えばレポートでは後期中等教育のことしか書いてなくても、今論点になっている就学にも深い関わりをもち、参考になる実践をもっていれば挙手して発言できる、というように、確実に討論の柱を中心にしてきました。だから非常に有意義な充実した論議ができました。これからもぜひ続けてほしいことです。

第三十九次（一九九〇年）の岡山教研から全教の人たちは出て行って、「発達保障派」と言われる人はいなくなったはずですから、論議は「共に学ぶ」ことをめざすことに集中できるようになるはずでしたが、緊張感がなくなり気楽になった分、歩みは停滞気味に見えます。

注　教研における言葉の変遷を見ると、「正会員」が「レポート提出者」に、「講師」が「助言者」から「共同研究者」に、分科会名は、第十四次まで「特殊教育」、第十六次まで「心身障害児教育」、その後「障害児教育」と変わっています。

発達保障とは？

日教組の制度検討員会の発達保障は長い歴史がありま

した。それを教研で障害者や現場の実践が抑え続けてきただけで、組織的にはきちんとした論議をしてきませんでした。そのことが、結果として日教組から全教が分かれて出ていっても、全教的（発達保障論的）なレポートが出てくる要因になっているのではないでしょうか。発達保障の本質をきちんと批判してきていません。

今、特別支援教育は、障害の種類と程度に分けていた特殊教育を改めて、個のニーズに応じた教育をするとして、個に応じて分断しています。「共に学ぶ」と言いながら「共に」の中身の共通理解ができていません。たとえ点数が取れるようにならなくても、そこにいる、いるということ、同じ場所にいることに大切な意味があるわけで、それをごっちゃにしてきている。実際、能力の差はあるけれど、そのことによって「差別される」ことがあってはいけない。

「能力差があっても差別されないということはあるのだろうか」。そういう認識だとしたら、できないことは悪いことではないという基本的な考え方を、どこまで自分の中に取り入れられるのか？　教員は、できるようになるように教えることを仕事にしているので、できない子はやっぱりだめという捉え方になってしまいます。そんな時、本人や親の考え方は頼りになります。

私だって、「できなくてもいいよ」とは言ってきたけれど、「できないほうがいい」とは言えませんでした。それが言えてないから、このことを真摯に突き止めることをやっていません。自分がやれないことの言い訳みたいに、「けれど」や「ても」がつきます。「できなくても一緒にいるのが楽しい」とか、「点数にはならないけれど、一緒のほうがいい」とか。

ところが、例えば拙著『一緒がいいならなぜ分けた』の中に出てくるAさん母娘。小学校を特殊学級で過ごしたAさんを受け入れたものの、全く点数の取れないことに戸惑った教師が「お母さんいいの？　また〇点よ」と言うとお母さんは即座に「先生は〇点と一〇〇点の間しか考えていないようですが、学ばないことと〇点の間にはものすごい距離があります。学んでいるということは、〇点にも達しなくてもたいへんな値打ちがあります。中学生になって『今日数学やったよ』と言って帰ってくる娘の声を聞くと、確かに学んでいるなあと感じます」。「強いて具体的なことを言えば、物差しです。いままで弟と喧嘩するときの道具でしかなかったのですが、みんなが物差しで測るのを見て、測るものだということがわかったようで、扱いが変わりました」と言うのです。

結果としてこの教師は、Aさん母娘によって目覚め救われるのですが、間接的であっても、この学校に来てはいけないと言うことは、全くこのような値打ちを認めず排除することになります。それはあたかも、人間として劣っているかのように弁《わきま》えさせることになります。人権に関わる重大な問題です。だから私たちは分けることに反対してきたのです。

欧米諸国では障害児に対する教育保障として早くから養護学校があって分けてきました。そこには当然、能力差別に甘んじなければ保障が受けられない構造があったからでしょうが、「なぜこの学校にしか行けないのか」という障害者の叫びがあって、徐々に統合に向かってきました。国連でも障害者の完全参加と平等をめざして「統合教育」を原則にする「障害者の機会均等化に関する基準規則」(一九九三年)や、やむにやまれぬ理由がない限り、すべての子どもを普通学校に在学させるインクルーシヴ教育の原則を採用することという「サラマンカ宣言」(一九九四年)等を経て、二〇〇六年にインクルーシヴ教育の保障、合理的配慮のないことは差別であるとする「障害者の権利条約」を採択しています。

ちなみに、どこの国でも同様ですが、統合に向かうとき例外なく最後まで反対するのは教師です。

日教組の方針も、一九八三年まではまだ発達保障で、中心課題は「障害児の全面発達を保障する障害児教育」でした。相変わらず「地域の学校で共に学ぼう」と言う私たちの発言には、「帰れ!」とか「出て行け!」などの怒号が浴びせられたり、取り囲まれたりで随分恐ろしい思いもしました。第二十五次(七六年)あたりから「青い芝の会」を中心にした障害者からの「なぜ発達を強制されなければならないのか」などという激しい問いかけが「発達保障」思想を揺すぶり始めました。さらに第三十一次(八二年)には石川憲彦さんが助言者の一員に入られ(これは教文坦当者のなみなみならぬ尽力によるものです)、力を得て、発達保障と共生共育の関係も対等に近づきました。

とは言っても、当時、障害別・課題別分散会に対応するため助言者は八人もいました。もちろん、石川さん以外は発達保障論者です。さぞ心細かっただろうと思いましたが、障害者の切実な叫びを「不規則発言」などと言う人々に泰然として「障害者がなぜ声を上げるか考えましょう」などと発言されていました。

日教組本部は、八五年には教育制度検討委員会の「共学への道」の提起を受け、障害児教育の軌道修正の動きを見せていましたが、障害児学校部の役員・常任委員が発達保障論者で占められていたため順調にはいかず、八九年の役員改選まで待たなければなりませんでした。

九〇年になって障害児学校部は障害児教育部と名称を変え「共生共学」をめざした運動方針を採択しました。当然、第四十一次教研（九二年）からは、発達保障論者であった全教の脱退と相俟って、公然と共生共学を掲げるようになります。

振り返って見れば第十次（六一年）くらいまでは、障害児にも教育を受けさせようという発想の上の発達保障だったわけで、分離して発達をめざすというような意図はなかったと思うのですが、六七年に全国障害児者問題研究会（全障研）が結成されて以来、「発達は一定の道筋・法則がある。どのような重度の障害児でも、障害の程度・発達段階に応じた適切な教育により無限に発達する。障害の克服をめざす発達保障こそが障害の克服につながる」などと主張し、そのための教育条件の整備や専門職員の配置などが運動課題になり、当然のこととして別学体制が推進されました。日教組もこの運動に従ってきました。

日本の子どもの学力水準の向上が叫ばれるなか、六一年に文部省が『わが国の特殊教育』（資料10）などで特殊学校・学級の設置を奨励したことと相俟って、日教組運動として増設された特殊学校・学級は方針転換をした後もあり続け、今、制度として特別支援教育を担っています。存在する学校・学級にはやむを得ず、あるいは望んで行く子がいます。そこで学ぶ子、そこで働く人がいる以上、教育条件の整備、労働条件の改善も疎かにできません。従って日教組は「共に学ぶ」をメインに掲げながら、分離された学校・学級の整備充実という相矛盾した取り組みを続けてきたわけです。

発達保障の時代、障害児教育分科会に出てくるレポートは、何を獲得した、何ができた、こうしてうんちが出たまで、「できた」「できた」の羅列でした。できることは良いことということは、できないことは悪いということになります。できないことで困るということがなくなれば、いいということですが、できる子の視点ができない子の視点にもなってきます。できようができまいが、生きていく上でのハンディをなくせばいいことで、共に学ぶことが進まなければいけないのですが……。進んだと思うと逆戻りしています。

学力向上が叫ばれると分離が当たり前になり、「学力向上」に特殊教育が利用されます。最たるものが学テ（文部省全国一斉学力テスト、一九六一年～六六年）です。初年度の六一年は、香川県が日本一でしたが、当時香川県は特殊学級設置率が日本一でした。次の年の富山県しかりです。どんな子であれ特殊学級在籍児は当時のことばで精神薄弱児とみなされ、テストの対象からはずされたのです。できない子を特殊学級に排除して、普通学級の平均点を上げるということです。

このことは、高校も多様化という形で現れました。富山県は特に取り組みが早くて、全高校の三割しか普通科高校がなく、後は職業科高校で、そこで能力別の進学指導が徹底されました。

そのことが障害児に戻ってきます。わからないよりわかる養護学校に行かせたほうがいいと就学指導がされます。就学指導を受けるなかで保護者は、わが子のために養護学校を選んだつもりで、振り分けに従ってしまっています。

そんななかで、「能力適性」にあった就学指導が執拗に行われても、地域の普通学級は地域の子が普通に行くところなのだから、その普通の体験の機会を奪うわけにはいかないとがんばっているのは、かえって重度と言われる子の保護者の場合が少なくありません。確かに普通学校で、「どうしてこんな子が……」「いても無駄です」「他の子の邪魔です」と言われ続けるよりも、養護学校に行くほうが当面は生きやすいでしょう。少しはできることが増えるかもしれません。しかし、地域で当たり前に暮らし、そこで「共に生き共に学ぶ」という関係ができていなければ、何がしかできるようになっても、それを活かすことはできません。石川憲彦さんが批判したのは学校の役割でした。

論争が続くなかで、激しかったのは、第二十八次の水戸教研（七九年）でした。止揚学園の問題や金井康治さんの転校闘争（一九七七年養護学校から地域の学校に転校を希望しましたが、実現できず、全国の仲間の支援を得て自主登校をし、ようやく八三年、中学に進む際、地域の中学校への就学が認められました）や、松沢みどりさんの転校闘争が争点になりました。

東京の地区教研で強引にレポート提出権を獲得した発達保障論者のレポーターは、東京集会では触れなかった「就学問題」も報告に盛り込んできました。松沢みどりさんの転校闘争を支援する入所施設職員の運動を誹謗中傷するもので、内容は前年の第二十七次沖縄集会人権分科会に提出したものとほぼ同じで、〝重度障害のみどりさんは普通学級に入れようとする一部職員の誤った運動の犠牲により不就学のまま在宅になっている〟というものでした。確かに、みどりさんは一旦自宅に引き取られたものの、当時は「やはり普通学級に行きたい」といって園に戻り自主登校を続けていました。みどりさんに会うこともなく実情を知らないままままとめられたこのような報告の誤りを指摘しようと、発言を求める施設職員を、当時の司会者団は「傍聴者だから」と封じました。さらには地域の学校への転校を求める金井康治さんの母親の発言は力で妨害しました。この場面は映像を含めてマスコミは「混乱」と報じましたが、私は「混乱」によってかろうじて障害児教育分科会の質が保たれたと思っています。

このような運営は、私たちを今日のような開かれた分科会にする取り組みに駆り立てました。

次の高知教研（一九八〇年一月）では、全体会場が確保できず、相撲場をテントで囲って行われました。分科会も小分科会ごとに会場が分かれていました。都・県段階で小数派でレポート提出権を獲得できない私たちは、各小分科会の進行具合を連絡し合い、要所要所に応援や抗議をすべく市内を駆け回りました。

今、「共に学ぶことは理想だ」ということは定着してきました。ことばとしては。理想なら理想に近づける努力をしなければいけないのですが……。私たちが言ってきたこと、してきたことが、国際的な統合教育の動向に助けられて、今やっとここまできたというわけです。日教組が全教が抜ける前に「共に学ぶ」を出せたということはよかったのですが、でも心がついてきていないのです。

資料10　『わが国の特殊教育』

第一章　特殊教育の使命

1　教育の機会均等と特殊教育

明治以来、わが国の義務教育についての思想は、国民のあいだに深く行きわたっていて、大部分の親達は、わが子が「学校にあがる」年の来るのを指折り数えて待っています。人並みに「学校にあがれない」ということは、親にとってても子にとっても辛い悲しいことなのです。そこで、こどもの心身の状態から多少無理だと思われても、あえてその無理を冒して就学させがちなのです。ところが、小学校六年間、中学校三年間の年月を無理のままで押し通しきれなくなってしまいます。

このへんの事情を、まだその受け入れ体制が整っていない肢体不自由児の場合を例にとって、やや詳しく調べてみましょう。

無理を重ねて就学した結果　文部省で昭和二十九年度に行った肢体不自由児実態調査によれば、全国六万八千名の学齢肢体不自由児のうち、就学を猶予または免除されている者はわずか七%程度で、大部分は手足の不自由を冒して、法令上の就学者となっています。ところが、その就学者のうち、五・六%はその後まもなく休学してしまって、事実上の不就学者となっているのです。

さらに注目すべきことは、休学するまでにはならない者でも、欠席をする者が非常に多いこと、しかも、その欠席の期間が非常に長びいているということです。

もちろん、普通児でも欠席はしましょう。しかし普通児の欠席は、大部分が一日ないし五日という短期間で再び登校するようになり、二週間、一ケ月という欠席はきわめてまれです。ところが、肢体不自由児の場合には、一日ないし五日間の欠席者数は、普通児とほぼ同じであるのに、十一日から十五日間の欠席者数は、普通児の四倍、十六日から三十日間は普通児の六倍、さらに一ケ月以上では、普通児に比べ実に七十六倍という数に及んでいるのです。

親もこどももあえて無理を重ねて、義務教育の学校に就学した結果、こどもの健康に支障をきたし、以上のような事になってしまうのです。

これで、はたしてよいものでしょうか。小・中学校児童生徒の就学率九九・八%という誇るべき高率の下積みに、このような事実があるのです。

教育の機会均等のために　学校教育法が規定している小学校・中学校への就学の義務が、このような無理と犠牲をまで要求しているものではないことは、いまさら言うまでもありません。

このような児童・生徒のためには、専門の医師がおり、機能訓練等の設備が整い、通学や見学のためのスクールバスを持ち、遠距離の者のためには寄宿舎も用意された、特別な学校がぜひほしいものです。そして、現行の学校教育法は、その基本的な構想においては、こういう学校をも、特殊教育の学校として考慮してはいるのです。

だが問題は、そういう学校の数が今はまだきわめて少なく、現存するものも、その設備が未整備な場合が多く、このような児童・生徒の総数に比べれば、収容能力が問題にならないほど小さいという点にあります。

そして、こういう事情は、肢体不自由児だけに限ったことではなく、精神薄弱児についても、身体虚弱・病弱等の児童・生徒についてもまったく同様な状態なのです。さらに、盲・聾等の児童・生徒も、その就学率は、まだきわめて低いありさまです。

したがって憲法や教育基本法にうたわれている「能力に応じた教育の機会均等」という理念が、文字どおりの意味で、わが国に生を受けたこどもたちのすべてについて実現するためには、特殊教育の果たすべき役割がきわめて大きいと言えましょう。

2　特殊教育と普通教育の関係

特殊教育研究の重要性　次に、特殊教育の果たす役割としてはむしろ副次的なものですが、現実問題として特殊教育の研究が、一般の小・中学校の普通学級における教育の効果を高めるのに、大きな働きをしているのだということも忘れてはなりますまい。

カーク（米国）という学者も言っているように、特殊な児童についての研究が、教育の理論や方法へ寄与した例はけっしてまれではありません。

たとえば、モンテッソリ（イタリアの女医）の十九世紀後半における新教育運動は、彼女の欠陥児研究に端を発したものですし、ビネー（フランス・一八五七〜一九一一）の個人差の発見や測定方法の確立は、かれの精神薄弱児研究の産物だとも言えましょう。このごろしきりに言われるパーソナリティー検査における投影法（いろいろな刺激図を見せて、これに自由に反応させ、その反応の形式から個人の欲求や感情等の傾向を見ようとするテスト法）の考案も、ロールシャッハの情緒異常児研究が基礎となったものです。

特殊教育の場所は別に　それはそれとして、いま、学校教育法施行規則という文部省令で、小・中学校の一学級の児童・生徒数は五十人以下を標準とする、とされています。ところが実際には、これが五十人を上回る傾向なので、いわゆる「すし詰め解消法」というような法律ができて、一学級の人数を五十人までに引き下げようという努力が行なわれているわけです。

この、五十人の普通の学級の中に、強度の弱視や難聴や、さらに精神薄弱や肢体不自由の児童・生徒が交わり合って編入されているとしたら、はたしてひとりの教師によるじゅうぶんな指導が行なわれ得るものでしょうか。特殊な児童・生徒に対してはもちろん、学級内で大多数を占める心身に異常のない児童・生徒の教育そのものが、大きな障害を受けずにはいられません。

五十人の普通学級の学級経営を、できるだけ完全に行なうためにも、その中から、例外的な心身の故障者は除いて、これらとは別に、それぞれの故障に応じた適切な教育を行なう場所を用意する必要があるのです。

特殊教育の学校や学級が整備され、例外的な児童・生徒の受け入れ体制が整えば、それだけ、小学校や中学校の、普通学級における教師の指導が容易になり、教育の効果があがるようになるのです。

〔文部省―広報資料18― 一九六一（昭和三十六）年三月発行〕

資料11 日本の教育をどう改めるべきか――日教組教育制度検討委員会第一次報告

Ⅲ 日本の教育をどう改めるべきか

1 基本原則

（一） 発達権保障の原則

私たちがめざす障害者教育は、発達権保障の立場にたつ、権利としての障害者教育である。

人権としての教育要求は障害をうけている人びととその父母・教職員の間にいっそうつよく自覚され意識されてきている。

このことは、たとえば、「学校に行きたい、友だちがほしい」という在宅不就学児の訴えや、「教育をうけるなとは生きるなということではないか」「学校に子どもをあわせるのではなく、子どもに学校をあわせよ」といういわゆる「就学猶予・免除児」の親の叫び、「障害が重ければ重いほど、生きるために、発達するために教育が必要なのだ」という学校や施設の教職員の発言などのなかに、はっきりとみることができる。

私たちは、障害者のいのちをまもり、その発達を保障しようとする実践のなかからほとばしりでたこれらのことばのなかに、教育を基本的人権としてとらえなおそうとする教育思想の深まりをみることができよう。

しかも、注目すべきことは、その根底に、「生きるということ、それは、人間としてかぎりなくゆたかに発達していくことである」という生存権拡充の思想と、「発達は権利であり、それは、要求からはじまり、教育によって、集団のなかで、ゆたかな条件の保障をとおしてかぎりなくきりひらかれていく」という人間の発達の可能性へのつよい確信が流れていることである。

わが国における戦前からの障害者に対する為政者側の伝統的・支配的な「処遇」観をふりかえってみると、そこには、①慈善的、②慈恵的、③社会防衛的、④社会効用的な考え方が色濃く流れている。それらは、たがいに補いあいながら、現在の「特殊教育」政策にもつらぬかれている。これらの、〝古くて、新しい〟障害者教育観は、いずれも、障害者を権利主体として位置づけず、またその能力・発達を一面的・固定的にしかとらえていないという点で、共通の誤りをおかしている。

これに対して、とくに戦後新しい障害者教育の思想と運動が、民主教育の一環として発展してきたが、それは、たとえば、「世界人権宣言」(一九四八年、国際連合)、「教育上の差別待遇反対に関する条約」(一九六〇年、国際連合教育科学文化機関)、「精神薄弱者の特殊教育に関する勧告」(一九六〇年、国際公教育会議勧告第五〇号、各国の文部省宛)、「精神薄弱者の人権宣言」(一九六八年、国際精神薄弱者援護団体連合エルサレム会議)、「精神遅滞者の権利に関する宣言」(一九七一年、第二六回国際連合総会本会議)、「聴力障害者の権利宣言」(一九七一年、第六回世界ろうあ者大会評議会)など、障害者の権利保障に関する国際的な宣言や条約と基本的に同一の方向をめざすものである。

わが国における障害者の権利保障運動は、こうした国際的な運動の成果に支えられつつ、さらに、これらの原理をいっそう深める思想——発達権保障の思想を創造しつつある。

それは、少なくとも、つぎのような基本的課題をもつ実践的思想である。

(1) 人権の無差別平等性の実証

それは第一に、どのように障害の重いものでも、人間としての発達機制は基本的に共通であり、その発達は無限であることを、発達保障の実践にもとづき、事実として明らかにすることをとおして、憲法の「法の下の平等」の原理にゆたかな実質をあたえ、能力による差別の廃絶をめざしていく思想である。

(2)「生存権」概念の拡充

それは第二に、人間の〝生存〟を〝発達〟という観点からとらえなおすことによって、いわゆる「生存権」を、たんに「最低の文化的生活を営む権利」にとどめることなく、いわば、〝各人が集団として、個人として、主権者としての力量を全面的に発揮して生きていく権利〟〝全面発達をめざして生きていく権利〟へと発展させ、障害者をふくむ「すべての人間」に「恐怖と欠乏から免れ、平和のうちに生存する権利」(憲法前文)を実現していこうとする思想である。

(3) 社会の進歩と人間の発達との統一的実現

第三に、それは障害者をふくめ国民全体が全面発達を実現していくうえで不可欠な、「集団・個人・社会体制」という「発達の三つの系」の内的連関性を科学的に明らかにしつつ、それぞれの系の統一的発展をめざす思想である。

私たちのめざす、発達権保障の立場にたつ、権利としての障害者教育とは、こうした新しい人権思想にもとづくものであり、憲法・教育基本法の精神によって、もっとも力づよく支えられ、かつ、その精神を、もっともふかいところからゆたかな内容をもって実現していく教育活動の一つにほかならない。

日本国憲法は、その第一四条において、「すべて国民は、……人種、信条、性別、社会的身分又は門地により、政治的、経済的又は社会的関係において、差別されない。」と規定し、さらに、その第二六条において、「すべて国民は、……その能力に応じて、ひとしく教育を受ける権利を有する。」ことをうたっている。ここでいう「能力に応じて」とは、いうまでもなく、「能力の高低に応じて教育を受ける権利に差があるのは当然である」という意味ではない。それはさきに提起した「教育制度の理念としての正義の原則」にてらして、無差別平等の理念を実質化するものとしてとらえなおすべきである。この「能力に〝応じ〟」とは端的にいえば、「発達に必要な」ということであり、障害者に即していうならば、「その障害にともなう困難の軽減・克服に必要かつ適切な」という意味に解すべきである。このような、日本国憲法における「権利の無差別平等性」と、その〝権利の実質化〟の原則は、障害者の権利保障に関する国際的な宣言や条約等においても、いっそう具体的な内容をもって、確認されはじめている。

たとえば、さきにのべた「精神遅滞者の権利に関する宣言」は、「国際精神薄弱者援護団体連合」という各国の「親の会」を中心とした組織の国際会議の決議をもとに、さらに戦後、国連がおこなった「世界人権宣言」「児童の権利宣言」や、ＩＬＯ、ユネスコ、ＷＨＯその他の関連機関の規約・勧告等にもられた人権に関する規定をとり入れて作成されたものであるが、そこでは次のようなことがのべられている。

「精神遅滞者は、適当な医療および物理療法、および能力を可能なかぎり最大に開発できる教育、訓練、リハビリテーション、ガイダンスを受ける権利を有する。」（第二条）、「……能力を可能なかぎり十分開発するために、生産的な事業を遂行しまたはその他の意義ある職業に従事する権利を有する。」（第三条）、「……施設収容保護が必要な場合には、施設に収容され可能なかぎり正常に近い条件が与えられるものとする。」（第四条）

また、「聴力障害者の権利宣言」は次のように述べている。

「……ろう者の完全なリハビリテーションと社会参加を保障するため、その権利を守るために必要なあらゆる手だてをとらなければならない。」（第三条）、「指文字、手話発語、読唇を含め、すべての必要な手段で話すという、ゆずり渡すことのできない権利を含めて、あらゆる教育の方法および制度が自由に試みられる可能性が保障されなければならない。…」（第四条三項）、「ろう者が…共同体の一般成員とコミュニケートすることを保障されることは、かけがえのない重要性を持っている。」（第七条）

このように、能力の最大限の発達をめざし、そのために必要かつ適切なあらゆる手だてをつくし、とくに社会的・生産的労働をも発達の保障という観点から権利として保障しようとしていること、および隔離的・孤立的処遇には批判を加えていることなどは、わが国の障害者の権利保障をめぐる実態にてらして注目されてよい。

障害者は、生存権の基盤をなす健康への権利を侵されることによって、発達上に障害をこうむっているだけでなく、主権者として生きていくために必要な社会的諸権利にまでいわば「障害」をうけさせられている人びとである。したがって障害者教育は、そのような人びとにたいし、「教育への権利」を「ひとしく」保障することによって、発達上の障害にともなうさまざまな困難を軽減・克服させるとともに、侵害されている社会的諸権利をも回復・行使させていくことをめざす。それは、憲法・教育基本法のさししめす人間像の形成をめざす教育であると同時に、いわゆる健体児の教育にくらべて、医療・労働・社会保障・リハビリテーションなどの諸権利が「教育への権利」とよりいっそう密接に結合され、その教育の方法・内容には、発達保障の立場にたった「療育」的性格がよりつよくもとめられる教育である、といえよう。

したがってこの障害者教育のなかからでてくる教育要求、教育制度改革への要求は、特例的・例外的措置の要求ではなく、まさに、教育全般の考え方と、あり方の変革への要求である。また、障害者教育の実践や運動のなかから生みだされ、あるいは、たしかめられた教育の方法や内容などの原理は、教育全体を民主化し、科学化するための重要な拠点としての意味をもつものである。

(二) 無差別平等の原則――すべての障害者に、ひとしく、学習権の保障を――

さきに、今日の日本の「公教育における差別の現実」として、被差別部落、沖縄県民などとならんで障害者に対する教育差別の実態をとりあげ、それが「日本における民主主義の根本にかかわる問題である」ことを強調した。

障害者に対する教育における差別は、たとえば、つぎのような事実のなかにあらわれている。

まず、法制上、すべての国民に、ひとしく、権利として確定せられた「義務教育制」自体が、盲・ろう児以外の障害児にたいしては、実質的には政府のサボタージュによって、その実施を四分の一世紀もの長きにわたってひき延ばされてきたことを指摘しなければならない。

政府は全国的な要求運動におされて、一九七三年一一月に、やっと、一九七九年度から養護学校義務設置の政令と、「精神薄弱」、肢体不自由、病弱の児童・生徒の義務教育開始の政令を公布すると発表するにいたった。しかし、それは、五年もさきのことであり、しかも、それによってすべての障害者に学校教育が、適切かつ充分に保障されうるかどうか問題がある。

しかも、障害の重い子どもたちに対する、いわゆる就学猶予・免除措置の撤廃は言明しておらず、肝心の財政的うらづけもきわめて貧しい。また、障害児を、その「能力」の程度で、①「教育可能」、②「訓練可能」、③「医療対象」に三分し、①は学校、②は児童福祉施設、③は重症児施設へ、というように機械的に分類収容し、障害が重ければ重いほど総合的に保障されるべき教育と福祉と医療の権利を分断・代替してしまう現行の制度・行政上の欠陥を改めようとはしていない。

こういう状況のなかで、義務教育段階にある障害児の「特殊教育」機関への在学率は、平均約三割という低さである。義務教育の対象にくみ入れられている聴覚・視覚障害児でさえ平均六割に満たず、その生存・発達のため医療と結合した教育を誰よりも緊急に要請される病弱・虚弱児にいたっては、実に八％という低さである。

また、障害の重い子どもたちの多くは、「就学猶予・免除規定」（学校教育法第二三条、同施行規則第四二条）を悪用されて、就学する権利自体をうばわれているという事実を指摘しなければならない。

その数は、政府の発表によっても、二万名をこえるが、この子らとその家族の生存・生活の実態のなかに、とくにはげしい人権侵害の事実をみることができるので、就学猶予・免除の問題点について、ややくわしく指摘しよう。

第一に、学齢者全体のなかで占める不就学者の比率は、六〇年代に入っても、減少するどころか、猶予者数の増加によって、全体としてふえつづけている点である。

教育における能力主義と国家主義の政策は、「特殊教育振興」施策にもつらぬかれているといわざるをえない。特殊学級・養護学校は六〇年代以降とくにふえてきているが、問題もまた深まっている。いち早く「教育を必要とする障害の重い子どもたち」が「特殊教育」の対象から排除され、逆に、後述のごとく、その対象とはいえない子どもまでが、「特殊学級」に入れられる傾向がつよまっている。この事実は、「特殊教育機関」の数的増大は、そのまま障害児の発達保障の指標にはなりえないことをしめしている。

第二に就学猶予・免除は教育の機会をうばうにとどまらず、発達の可能性をうばい、さらに、発達を逆の方向、端的にいえば、死に向けて追いやる機能をはたしていることである。文字どおり、とざされた人間関係、生活環境のなかで在宅障害者のほとんどが、自傷行動、対人・集団恐怖などの神経症行動におちいり、いちどは芽生えた話しことばさえ失っていく。就学していれば当然うけられる各種予防注射やレントゲン検診など、健康に生きる権利の保障に欠かせない最低限の条件さえうばわれている。

第三に、このような基本的人権の侵害は子どもだけではなく、家族にも再生産されていく、ということである。「買物にでるにも、柱に帯でつなぎ、走っていってくる生活を十四年間もつづけている」（東京）、「食物はすべてかみくだいてから子どもにあたえるので自分の食事のときはもうつばもでなくなる」（鯖江市）、「家にねたきりの弟がいると知れたら縁談がこわれてしまった」（川口市）というような親たちの証言がしめすように、家族の生活・労働権や結婚・居住の自由はうばわれ、日夜をわかたぬ介護のなかで、たがいに生きることにさえつかれはてていく。さきにのべたような障害者と家族の自殺、心中、殺人は、こうした生存の極限状況が表面化したものにほかならない。

第四に、障害が重ければ重いほど障害者の生存、発達を保障するために統一的に結合されねばならぬはずの福祉と教育への権利を分断し、権利相互を代替関係におくことによって、結局、いずれの権利の保障も実質的にうばっていることである。たとえば、厚生省は精薄児通園施設や重度精神薄弱児収容棟の「対象児童は……就学義務が猶予または免除されたものであること」を都道府県知事等あて「通知」している。

障害者にたいする差別は、かろうじて就学の機会をあたえられたものにまでもおよんでいる。

(三)で指摘するように、「特殊教育」機関に就学しえた障害児にたいする学習の内容や形態等には、差別的な性格が強く残され、一方、「普通学校」「普通学級」に在学する障害児の多くは、いわゆる「お客さん」的あつかいをうけているのが現実である。

この深刻な障害者教育の現実を直視し、その改革の仕事にたちむかっていくためには、なによりもまず、〈権利における無差別平等の原則〉を、障害者教育をはじめ、日本の教育全体のなかに、しっかりとうちたてることが必要であると考える。

以上のような障害者のとりわけ就学権をめぐる実態と、前述の権利保障の原則にてらして、すべての障害者に対する教育の完全保障のための、主として、制度上の条件として、少なくとも次の四点がすみやかに満たされねばならないと考える。

① 障害にともなう困難の軽減・克服に必要かつ適切な教育機関を早急に拡充・整備すること。

② どのように障害の重い子どもにも、ひとしく、就学権を保障し、その発達に必要な教育を医療保障などとあわせておこなうこと。

③ 早期から、長期にわたる教育と援助の制度化をはかること。

④ 家族の介助なしに障害者の学習権を保障しうるだけの教育諸条件の整備をおこなうこと。

(三) 普通教育と共同教育の原則

私たちは、さきに、たんなる形式的な就学の保障や、「特殊教育」機関の量的拡大だけでは、障害者の学習権の保障にならぬことを指摘した。

実例をあげよう。

たとえば、入級該当者数に比して、絶対数が不足しているはずの「特殊学級」に、三人に一人の割で、知能指数七六以上の子ども、いわゆる「精神薄弱児特殊学級の対象外の子ども」が在級していることを文部省自身が認めている。しかも、こうした傾向が、香川や富山など、かつて「学力テスト日本一」を誇り、あるいは「教育の多様化」をもっとも熱心におしすすめている県においてとくにいちじるしい。選別・差別の教育体制がつよめられるなかで、「特殊学級」が「勉強についていけない子」の追い落しの場に利用されているのである。

・そこでの教育の内容はどうであろうか。

たとえば、富山県教育委員会編纂の教師用指導書『精神薄弱児特殊学級における職業教育・教育課程の編成』は、「精神薄弱児教育の目標」を次のように説いてはばからない。

労働者が「ベルトコンベヤーの一部の責任を負うような現代のメカニズムの中に生きる人間として考えられることは、単純な作業であっても、そこに自己の存在、位置を自覚できるような、しかも彼らなりの人生観をもった人間になるような素地づくりが特殊学級・学校に課せられた使命であり、これをになっていくのが職業教育であり、社会の要請に応える道である。」

これは、いわゆる「学校工場形式」とよばれる「教育」の流れである。

このような差別的な内容をもった「教育」がおこなわれてきたことが政府の「特殊教育」政策にも起因していることは否定できない。

たとえば『養護学校学習指導要領精神薄弱児教育編』(一九六二年版)が「(小・中学部)に一貫する教育の具体目標」として「経済生活および職業生活への適応」等を設け、その理由として、「(精薄児は)精神発育が恒久的に遅滞していること等を指摘し、さらに『解説書』では「精薄教育の目標」に「『真理を愛し』とか、『自主精神に充ちた心身ともに健康な国民』とかということを」掲げるのは「甚だ心もとない」と述べている。

しかも、当時の文部省特殊教育課長は、文部省発行誌等で、次のような意見を公表しているのである。

「特殊教育の目標は端的に社会的自立を達成できる人間の育成である。……社会的自立は職業に従事することによって可能となる。」「(精薄児が)自ら成しうる道は他人と社会の厄介になるのではなく、自分のことは自分で仕末し、社会に自立ができるということである。この限界をはっきりと見きわめるところに精薄教育の本質がある」のであって、それは「社会のお荷物にならないという意味で消極的ではあるが確かに社会、国家のためになるのである。」

前述の指導要領は、一九七一年に改訂され、「判別基準」にあった「(精薄児は精神発育が)恒久的に遅滞」云々という表現も法的には失効している。しかし、このような「特殊教育」観や、発達観は、富山の例のように根づよく残っている。

現に、「教育可能な軽度の精神遅滞児」、「訓練可能な中度の精神遅滞児」、「生涯にわたって保護を必要とする重度の精神遅滞児」という分類がなされ、あたかも、中・重度の「精神遅滞児」は教育不可能であるかのような位置づけがなされ、事実、それにもとづいて「特殊教育」機関への就学指導も、「特殊教育」の教育課程の編成もなされている。

こうしたことは、学校教育法第六章「特殊教育」を、上位法である教育基本法第一、二条の教育目的方針の達成をめざす「普通教育」の一環としてではなく、いわば〝普通児の教育〟に「準ずる」ものとしての〝特殊な教育〟へと歪曲するものといわざるをえない。

「バカがうつる」と、「特殊学級」の子とわが子を遊ばせない地域の母親。「勉強しないとトクシュにやるぞ」とおどかす教師。「宿題を忘れた日は特学に行って勉強してくる」ことを学級会で決議したという「普通学級」の子どもたち。

こうしたなかで、「親戚に特殊に行ってるものがいるとわかると、娘の結婚にさしさわりがあるから」という「親族会議」での反対をおしきってわが子を「特殊学級」に入級させたある母親は次のように訴えている。

「明るい子になってほんとうにうれしい。でも、死ぬまでトクシュ出といわれるのかと思うと、ほんとに、ふびんでしかたがない。こんなことで、就職や結婚はうまくいくんでしょうか、先生!」

こうした母親のなやみとねがいは、そのまま、障害者教育に良心的にとりくんでいる多くの教師たちの思いでもある。

私たちは、障害者教育の現実を改革していくための第二の原則として、「教育内容における普通教育の保障」と、「教育の形態・組織における共同教育の保障」の二つを提起する。

(1) 教育内容における普通教育の保障

障害をうけているという事実を理由に、ただちに、「特殊児」「異常児」「欠陥児」ときめつけたり、また彼らを「正常児」から選別・隔離して、たんに収容・保護するか、あるいは、「社会」というより国家や企業の要求する「社会の体制」に順応して生きることのみを強いる「特殊な教育」をおしつけるのは正しくない。

私たちは、いわゆる「普通児の教育」と、「特殊教育」のいずれもが、憲法・教育基本法のさししめす普通教育の理念にたちかえることをこそ、なによりもまずつよく要請したい。

障害児は、障害をうけていることに起因して、発達の過程で「もつれ」や「つまずき」をもたされてはいる。

しかし、その障害がどのように重かろうと、人間として特殊な発達の道を歩むのではなく、発達の基本的なしくみとみちすじは、障害をうけていない子どもとなんら異なるものではない。

また、障害者も主権者として自らを形成してゆく権利を有しており、そのためには、全面発達を保障する方向で教育がなされなければならない。

障害児、とりわけ、いわゆる「精神薄弱」とか「知恵おくれ」とよばれている子どもたちが認識する力と行動する力を獲得していくみちすじは、人類に共通な基本的、原則的、原初的な学習のみちすじであって決して「特殊」なものではない。とくに重度の子の場合には、それがむしろ典型的にみられるとさえいえる。

「重症障害児」などに対する発達保障の実践がしめしているように、障害児教育は、けっして、特殊な教育の方法・内容をもっておこなわれる教育ではなく、普遍的教育(common education)としての普通教育を、障害をもっているという事実に即しつつ、その障害にともなう困難を軽減・克服していくために必要かつ適切な教育内容を創造していくという立場から、いっそうきびしく吟味しながらおこなう教育である、といえよう。

ここに障害児の教育が、いわゆる〝「普通児」の教育〟と、普通教育としての同一基盤にたっておこなわれながら、同時に、医療と教育を発達保障の立場から統一的に結合した「療育」としての性格を、〝「普通児」の教育〟よりも、いっそうつよく内在させねばならぬ根拠がある。

したがって、障害児教育のめざす人間像や、教育の内容上の原則は、基本的には、さきにかかげた「教育の目標──私たちの考える人間像」や、教育内容に関する提言でのべている「教育内容」と同一であるべきだと考える。つまり、憲法・教育基本法の理念を、真に、具体化する方向で障害児教育の教育課程は編成されるべきなのである。

そのような意味において、「普通児の教育」と同一基盤にたちつつ、普通教育の内容を、その発達段階に即しつつ、いっそうきめこまかく創造する必要がある。もちろんこのことは、障害者の教育における療育的観点からの配慮が重要であることや普通教育の「方法」としての、からだと手を使っての諸活動やまたリハビリテーションが必要であり、いわゆる「普通児の教育」以上の格別の配慮が必要であることを否定するものではないし、そのことと矛盾するものではない。

なお、新学習指導要領によって、「養護・訓練」が第四領域として定められたが、その名称・目標・内容などについては、こんご発達保障の立場にたって、実践的に検討していく必要がある。

（2）共同教育の保障

障害者教育はこれまで障害をうけていない者（「普通者」）の学校とは別に、障害種別ごとに別個の学校を設けておこなうことを通例とし、またそうすることが必要であり、当然であると考えられてきた。

障害者がおうている障害を治療したり、障害によって生じている感覚器官の機能を種々のしかたで補償し、代替させるための機能訓練などは当該障害者だけのための施設などによっておこなわれる必要があることはいうまでもない。

しかしながら障害者の人間的・全面的発達、その社会性の発達、いわゆる「普通者」との人間的交流と連帯をそだてるためには、可能な限り「普通者」とともに生活し、ともに学ぶことが重要であり、その障害をうけている機能の回復や代替機能によるコミュニケーション能力の発達もそうした生活をともにし、学習をともにすることによって促進されるばあいが多い。

そうした意味から、「普通者」から百パーセントひきはなし、いわば「隔離」して教育することは決して望ましいことではない。障害者は基本的には「普通者」とともに生活し「普通者」とともに学習することを原則とし、その基盤のうえにたって必要にして適切な特別の治療と教育をそれと並行しておこなうようにすべきである。

共同教育とは、学習する権利の平等化と、学習する内容における普通教育としての共通性を前提として、障害者とその他のものとが、「共同に学習する教育機会を保障しよう」とする原則である。

すべての子どもたちの全面的発達をめざす普通教育の

目的はさまざまな個性（「能力」や「障害」をふくめて）をもった子どもたちが、さまざまな人間関係を集団のなかでつくりあげていく過程で実現されていくべきものである。

したがって、教育諸条件を充分に整備していくこと（たとえば、学級定数の減少と教職員の定数増、学校・学級運営の民主化等）を前提とし、必要かつ適切な形態をもって、「普通者」と障害者とができるかぎり共同に学習しあう教育の機会と場を保障していくことが大切である。

（四）総合保障の原則——発達保障の立場からの諸権利の統一的保障を——

（1）総合的な保障のなかでの教育保障

障害者の生命を守り、その発達を全面的に保障していくためには、教育を、医療・福祉・労働と正しく結合して、統一的に保障していく必要がある。

それには、教育行政と厚生・労働・運輸・郵政・建設等の関係行政機関が、その機能を総合的に関連づけていかねばならない。

さらに、それらの機能は、いずれも、発達の保障という観点から、統一的に検討されねばならない。

たとえば、労働保障についても、それは、たんに障害者の生計を助けるため、という意味においてなされるだけではなく、より根本的には、次のような障害者のねがいに、こたえていくものとして、とらえなおされていかねばならない。

「障害が重いから働かんでもいいといわれる社会を、ではなく、

障害が重くとも働くことをとおして、社会とむすびつき、

生きる喜び、発達する喜びを感じられる社会こそ、きずいていきたい。」

「ねたままの状態でも働ける職場と、補助具を」

これらの要求は、高度に発達した科学技術の水準（とくに電子工学等の）や今日の生産力の高さをもってすれば、けっして、実現不可能な内容のものではない。

〝発達保障の立場にたった新しい権利思想の創造を〟。そして、それにもとづく、行政的・財政的保障の確立こそが、まず必要であると私たちは考える。

（2）障害者・父母・関係教職員の諸権利の統一的保障

「こない障害のおもい子は、どうにもならへんと、よくいわれるのやけど、それは、それだけ、わたしらの教育や

福祉のあり方や、もっといえば、障害児をうけとめる社会の発達におもい障害がある、ということとちがうのやろか。」全職員の八割が腰痛症にかかり、平均勤続年数三年に満たないという劣悪・過酷な障害者施設に働く職員のことばである。障害者の生存＝発達権は、父母・関係教職員の生活・労働権等の保障と統一されなければ守れず、相互の発達保障もありえないのである。

（日教組教育制度検討委員会、梅根悟編『続日本の教育をどう改めるべきか』勁草書房、一九七三年）

三　特殊学級の教員になるということ

養護学校義務化の意味

第十次教研（一九六一年）くらいまで、障害児教育においては、日教組固有の立場はあまりなかったようです。

戦前は、一八七二年（明治五）の学制には「廃人学校アルヘシ」と、一九四一年（昭和十六）の国民学校令施行規則でも「身体虚弱、精神薄弱ソノ他心身ニ異常アル児童」のための養護学校、養護学級が設置できることを規定しています。設置できるということであって、つくらなくてもよいというものでしたから、公立もありましたが、篤志家によるものや、身内に障害者を抱える人のやむにやまれぬ想いによるものが主でした。それも社会防衛的な意味でつくられることが多く、視覚障害、聴覚障害、身体障害の障害種別に対応するものが主でした。

戦後、一九四七年、学校教育法は盲・聾・養護学校の設置を定めましたが、翌四八年から義務制が実施されたのは盲・聾のみで、養護学校は制度外に置かれていました。

日教組は一九四七年に「特殊教育部」を設置しましたが、制度的には、保護者が申請して教委が認めるはずの「就学猶予」や「免除」が、教委によって強制され、乱発されていた時代です。課題は「就学保障」が中心でした。障害児の教育を何とか軌道に乗せなければということで、当時は教育の専門家と姿勢は変わらなかったように思います。

転機を迎えるのは勤務評定闘争（日教組勤務評定反対闘争、一九五七年〜五九年）や学力テスト反対闘争を経た六〇年代でした。

養護学校義務化によって障害児教育が保障され、全員就学が達成されたと評価する言い方もありますが、制度として邪魔な子を普通学級から排除してもよい、排除された子の受け皿として養護学校が全国に整備されたというのが実際のところではなかったかと思います。いつも私が言っていることですが、障害児教育の二つの使命、一つは、障害児の教育権保障のため、もう一つは、障害児を除いて普通学級の教育をスムーズにやるためという路線がはっきりしてきます。

養護学校義務化の必要性は、七一年の中教審答申（四六答申とも呼ばれる）二次報告で、戦後の民主教育を見直し、世界に伍していくのには人材養成が大事、国としてまとまりが大切。国としてのまとまりをつけ優秀な人材を養成するためには、障害児には別な教育が必要だと書かれています。改めてそれを見ると、今度の「改正」教育基本法（二〇〇六年十二月）と似ていることに驚きます。ただ違うのは人材の配分で、四六答申は、「一〇〇人いたら一〇人のエリートと九〇人の黙ってついていく人」だったのが、今は、産業構造の変化によって「一〇〇人のうち一人のエリートと残り九九人」という割合です。

戦後の混乱が落ち着き、高度成長のなか優秀な労働者が必要でした。教育は競争に向かい、学力向上、学習指導要領の改善のためと称して学力テストが行われます。当然のこととして日教組を中心にした反対運動が起こります。教師や父母が納得しない学力テストを行うためには力が必要です。並行して教師に対する勤務評定が行われました。勤務評定をしながら学力テストをやる、すなわち評価される教師が生徒を評価するという構図です。教師はクラスの成績を上げるためにできない子どもをどんどん追い出すので、特殊学級が増えていきます。

一九六一年になって間もなく、私は都教委から、設立されたばかりの学芸大学の「特殊教育課程」に派遣学生として行かないかと誘われました。その頃私は、教員になって一五年くらい経っていましたが、生じてしまう「落ちこぼれ」に、もしかしたら教師に向いていないのでは……と悩んでいました。

考えてみれば、第一次ベビーブームが終わりに近づいて子どもが減る時期でしたが、一学級の児童数の上限は五六人のままですから、学級数が減ります。空き教室ができます。特殊学級つくりは容易です。私が働いていた東京大田区の特殊学級は、すべて空き教室から始まりました。学級数が減れば教員にも余裕ができます。だから増える特殊学級のために教員を資格習得に派遣することもできたのです。しかも私は素直に自分の非力と悩んでいたのですが、「落ちこぼれ」が生じるのは、学力向上を目玉にした学習指導要領（一九五八年官報告示、六一年から完全実施）によるものでした。

この学習指導要領は官報に告示して法的拘束力があるとしたこと、道徳の特設、日の丸・君が代の導入の三点で大変不評でしたが、最も大きな問題は「基礎学力の充実、能力適性に応ずる教育の重視」でした。学力の充実と称して学習内容を増やし難しくして、何の手立ても講じなければ、当然「落ちこぼれ」ができます。「落ちこぼれ」というのは能力に応じた適正就学が目玉だったこの時にできたことばで、それまでは、ほとんど使われていませんでしたが、悩んでいた私は、その声に、ひょっとして特殊教育を学べば、できない子にも教えられる上等な教師になれるのではないかと思い、飛びついてしまいました。

学芸大学での学生気分の勉強は、それはそれで面白いものでしたが、後に子どもたちと付き合う上では、役に立つより邪魔になることが多かったように思います。たくさんのことを学んだようですが、要は検査の仕方や障害児の見分け方だったようです。

六五年に初めて、中学校の特殊学級の担任になりました。中学校の教師たちには大歓迎されました。「なり手のない特殊学級にあなたが来てくれてよかった。それもちゃんと特殊教育の免許を持って」と。大人がこんなに歓迎してくれるんだから、子どもはどんなに喜んでくれるだろうと思って、特殊学級に行きました。

その頃、普通学級から排除された子どもがたくさんいて、四クラスもありました。私が受け持つべき一年生のクラスに行き、挨拶をすると一人の子が立ち上がって大声で「先生も落第してきたの」と言うのです。この子たちのために頑張ろうと思っている私には、とっさに意味がわかりませんでした。私がぼんやりしていると、その子が前に出てきて私の肩を叩いて「先生なら大丈夫だと思うよ。もう一度試験受けて普通へ戻りな」と言うのです。ようやくわかりました。ここにいる子どもがほんとうは特殊学級に来たくなかったということが。どう説得されたにせよ、できないために普通学級から排除されたことを承知しているのです。まさか望んで来る教師などいるはずはないと思うのも当然です。ショックでした。

それまで障害をもつ子や遅れた子に、わざわざ特別な教室を用意し、特別の教材を用意し、特別に養成した教師が教育することが悪かろうはずはないと思っていました。しかし、教育には信頼関係が必要です。来たくない所に無理につれて来ても教育は成り立ちません。私はその日のうちに決心しました。教わったことと全く違うのですが、特殊学級から普通学級へ「なるべく戻す」、特殊学級に「なるべく入れない」。そして最後に一番手のかかる子を連れて普通学級に行けばよいと思ったのですが、そうはいきませんでした。一度分けられた子が元の学級に戻ることは、一旦自己肯定感を失った子には想像以上に困難なことです。さらには、分離の規準外であっても「特殊学級で教育を受けることが適当」と判定されて送り込まれる子がいて、特殊学級はあり続けます。

それに学校は教育の場ですが、しばしば非教育的なことをします。いま社会人として働いているYさんは、右半身麻痺と軽度の知的障害があります。小学校は当たり前に地域の普通学級に行きました。中学校もそのつもりでしたが、制服（標準服ですが）の他、鞄や靴にも決まりがあり、Yさんには守れないところがありそうなので事前に相談に行きました。すると中学の校長は就学相談に行くように言いました。何か便宜を計ってもらえるかもと思って行くと、それなら特殊学級がよかろうと、私の学級の見学を勧めました。

見学だけならと思って母親が一人でやって来ました。その時、私の学校は特殊学級は生徒があと一人来ないと学級減になるという時でした。学級減になれば教師も減らされます。校長は大喜びで校長室に招き入れ大歓迎しました。学級見学も校長がつきっきりで、なかなか母親と本音の話ができません。釈然としないまま校長と二人で玄関で見送りました。校長は安堵したように「入学式楽しみに待っています」と言いました。ふと、お天気のいい日でしたが傘立てに一本の傘を見つけました。とっさに私は「お母さん、傘忘れた」と言って走って後を追いました。もちろんお母さんの傘でないことはわかっていましたが、追いついて「もう少しお話したいのでお宅に伺っていいですか」と言うと、「お願いします」と言うのです。

夜になって行ってみると「助けて下さい。普通に行きたくて相談に行っただけです」と言います。私は普通に行くことが当然で決して無謀でないことを話しました。以後、きちんと意思表示して中学に入り、卒業して近くの定時制高校に通いました。いろいろな困難はありましたが、それが娑婆で過ごす土台になりました。社会人になり、賞与が出ると〝お裾分け〟といって地域の共に学ぶグループにカンパをしてくれます。そのたびに「先生の『Yさんは〇〇中学に行けばいいのです』の一言のおかげです」と言ってくれます。

一緒がいいならなぜ分けた

特殊学級に来ている子どもたちは、回りの目に敏感でした。

文化祭が近づいたとき、私は特殊学級もS中の学級の一つなのだから、普通学級と対等な形で参加すべきだと考えました。それまで、多くの特殊学級がそうであったように、交流などで馴染んでいる子はそのクラスに混じって参加するような場合がありましたが、ほとんどが学校での文化祭は鑑賞するだけで、区内の小・中特殊学級で連合学芸会をやるというのが慣例になっていました。それを否定するわけではないのですが、やはり毎日暮らしている所属学校の一学級としてきちんと参加すべきだと思いました。

さんざん根回しをした上で特殊学級も一学級として参加することを職員会議で了解を得ました。学校行事等でも排除されたり忘れられたりしがちな特殊学級です。子どもたちはどんなに喜ぶだろうと、教室に行って「今年の文化祭は企画の段階から普通学級と一緒にやろう」と提案しました。せめて「先生よく頑張ったね」くらいは言うだろうと期待していたのですが、返ってきたことばは「なんで一緒にやらなければいけないんだよー」でした。思わず「当たり前でしょう。同じ学校の生徒なんだから！」と怒鳴りました。そしたら「一緒がいいならなぜ分けた」と返ってきました。「一緒がいいならなぜ分けた」、とても大切なことばとして私が出した最初の本の題に使わせてもらっています。考えてみればおかしいことです。分けておいて一緒がいいなんて。ここでまた気がつきました。分けた上で行う交流は分けないことと全く違うことに。
世の中には、その身にならないと気がつかないことがたくさんあります。こういうことを特殊学級の担任会などで話すと、「専門家」と言われている特殊学級の教師たちは、「だめだよ、子どもの言い分ばかり聞いては、教育は成り立たない」言いました。ずっと後になって、この話を金井康治くんのお母さんの律子さんに話すと、「あなた、よくその子どもの声が耳に入ったね」「分けられた子どもは毎日それを言っているのに、先生の耳には届かないのよね」と言われました。その頃から、発達保障論では解決しないと思うようになりました。
これは赴任してすぐにつくった文集です。

資料12 『すうしんぽ――作文による特殊学級の生徒の考察』

（＊「すうしんぽ」は「つうしんぼ」の意）

生活の中から
作業のこと（一男）
僕がはいってから　いきなり　やれなかった。やすめなかった。つかれ　それでもやっていた。
僕は　作業なんか　やんかければ（やらなければ）勉強ができんだがな、僕はそうもう（そう思う）
先生がたは、みんなのこと　どうせ　できないとおもうだろ、やろとおもうえば（やろうと思えば）しこし（少し）ずつ　はいっていかんだかな（あたまにはいっていくんだがな）　僕そうもう（思う）いまにふつがきゅう（普通学級）いけんだないか、（いけるんじゃないか）おもう　作業ばかりやっていればだんだんはかなくなとと（わかんなくなると）おもう
たしざんや　しきざん（ひきざん）やかけざんやわりざんや文教（分数）やわかんなくなる。
うちのおかあん（おかあさん）学校いってなにしんのかなおもう、僕はおかあさんにゆはれるのが（言われるのが）やたから（いやだから）早くおぼれたいな。（おぼえたいな。）

☆この生徒だけではないが、勉強ができないということで、今まで　どんなに恥かしい思いをしたことか、何回うしろゆびをさされたことか。またたく間にやってくる三年後の卒業にそなえて、社会に適応する教育をと願う教師た

ちの気持は　生徒にも親にもなかなかわかってもらえない。
でも最近この生徒の日課帳に〝きょうの作業がんばります。よろしく〟とあった。
多分　三年生が実習に行ったり、就職がきまったり、などということを身近かに知ったからであろう。家の手伝いもするようになったという。

私が赴任したとき、S中の特殊学級は設置六年目でしたが、学力テストの影響で生徒が増え続け四学級になり、担任の定数も一人増という時でした。すでに三人の担任がいました。そのうち一人が言い出して文集を作ることになったのはいいのですが、いざ編集しようとなって、なぜか発達保障論的なものが出てきます。発達の程度に応じた適切な指導の道筋に従って作文能力を高めようというのですが、私にしてみれば、作文能力というのは、本人が表現しようという思いをもったときにわりに簡単に獲得できるものだと思っていました。まずIQを確かめ、いちいち赤鉛筆で直されて身についていくものではありません。子どもが書こうと本気になったときに手助けすればよいのであって、そうではないときに、ここはこうだよと、くどくど言うほど作文嫌いになってしまいます。そのためまずは生活を見よう、子どもの生活の重みみたいなものをどう見るか、その上で私たちが関わり方を変えればすむことがあるかもしれないし、意欲が現れるかもしれないなどと提起するのですが、みんな納得してくれません。専門免許を持っているのは私だけであとの三人はたまたま特殊学級担任になった人なのですが、かえってその人たちのほうがいわゆる専門家的発想をします。

合意が得られないので、とうとうそれぞれの意図で書かせた作文を集めることにしました。私の担当した生徒以外はIQから始まっています。IQの高い子が特殊学級にたくさんいるのは学力テストによるものです。私は書きたいときに書きたいことを書いてもらいましたが、子どもたちは、日々の暮らしぶりとともに、特殊教育のあり方批判までしてくれています。

ちなみに、次は亡くなったOさんの追悼文集に私が書いたものです。

作文をなおさないで載せたいいわけ

かつて私も生徒の作文を読むときは赤鉛筆を持って臨んだものです。

そして、て　に　を　は　誤字、脱字に止まらず、心に立ち入るところまで直したものです。

それはHくんの文でした。

彼のその文には、やたらに〝おかあさん〟が出てきました。しかもその全部に〝うちのおかあさん〟〝うちのおかあさん〟と〝うち〟が付いていました。私はそれに対して「一度、おかあさんと書いておかあさんのことだとわかるから何度も書かないの」「それにおかあさんといったらうちのおかあさんに決まっているじゃない」という調子でどんどん消したのです。

ところが、それから日ならずして、血の繋がりはないけどHくんがおかあさんをとても慕っていることを知りました。また少したって〝うちのおかあさん〟ではなくなりました。もう間に合いませんでした。Hくんは必死でおかあさんとの絆を確かめていたのですが、私はその心を読み取ることができていませんでした。

最近中学特殊学級を卒業したUさんの文にもこんなところがありました。

「私が、普通学級で一番うれしかったのは、普通学級のテストで一〇〇点とったときです。普通学級三年のときの社会科のテストです。」

皆が一〇〇点取るようなテストであったかもしれませんが、普通学級にこだわりながら特殊学級にいるUさんの文とわかれば「普通学級」を削除する人はいないと思います。

Oさんの文には誤字やおくりがなの間違いがたくさんありますが、それにもまして脱字があります。書くことがたくさんあって気持ちは先へ先へ行くのに手が間にあわないときのようです。そんな思いまで読み取りたいのです。

（一九七七年七月）

その頃、中学特殊学級では就労をめざした作業学習が中心でした。週三三時間の授業時数のうち三分の一くらいの時間が作業に当てられていました。S中では男子はコンクリートで歩道の平板作りを、女子は雑巾縫いをしていました。「すうしんぽ」の二番目にある〝作業のこと〟はそのような教育課程に対する嘆きと諦めを書いています。作業をやっていたらもっと勉強できなくなると書いています。そのとおりでもあります。できないと決めつけたところから始めているんじゃないかと、ちゃんと指摘しています。特殊学級に行けば本人に合わせて丁寧に教えてくれるという教育委員会のことばを信じた母親は、毎日帰ってきた子に「勉強やった？」と聞きます。無駄な教科学習より働く意欲だという方針でしたが、たとえ活用できなくても、それが勉強、学校は勉強する所と思っている子どもたちにしてみれば、九九やアルファベットを唱え、漢字が書きたいのです。

養護学校義務化の波の中で

一九七九年の養護学校義務化（東京では一九七四年に希望者全員就学を実施）までは、保護者が行かせなければよかったのです。就学猶予・免除は保護者が願い出て教委が許可するというのが建前でしたから。でも実際には、学校に行くのは無理だからと言って児童学園を勧め、そこに行くには、就学猶予にしなければ、という強制に近い誘いはありました。それを断るのはそれなりに大変だったと思いますが、頑張って断って普通学級への学籍を得ることはできました。ところが義務化になって、新たに学籍（養護学校であっても）を得る子が増えましたが、普通学級から排除される子どもが増えました。養護学校が義務化されて、障害の種類や程度に応じて振り分けて受け入れるようになりました。『内外教育』（七九年七月十日号、時事通信社）は、「就学猶予・免除者が七千人余減る〜養護学校在学者は一万七千人の増加〜」と伝えています。

義務化の実施にあたっては「普通の学校で普通に学ばせたい」という保護者の声も根強くありましたし、私たちも能力主義に基づく国の分離差別教育と批判してきましたが、このような数字が現れました。この数字は、保護者とのトラブルについて時事通信社が行った都道府県教委へのアンケート調査では、ほとんどの県が「なし」と答え、「早期に就学指導に取り組み、ねばり強い説得が功を奏した」としているように、かなり強硬な就学指導が行われた証拠です。就学通知期限の問い合わせに、文部省は「入学式まで説得を続けるよう」指導しています。就学指導が強硬であればあるほど、子どものためで

朝日
1977年（昭和52年）10月3日

脳性マヒ者　孤立の戦い

養護学校の義務化をめぐって

「隔離策」と強く反対

「黒人」という言葉は、アフリカの黒人社会にはもともと存在しなかった。あれは非黒人がつけた呼び方だ。「ブラック・パワー」の黒人たちは、だから白人を「漂白された人間」と呼ぶ。黒を普通とする側からみればそうなる。似たような意味で、身体障害者——とくに全身障害をともないやすい脳性マヒ者（CP）などの側から見る普通の人は、「健全者」という別の宇宙の人間に見える。そして今の社会は、すべて「健全者」が「障害者」を支配・管理・抑圧していると見る。現在進行中の「養護学校義務化」も、すべて「健全者」だけの論理による身障者隔離・抑圧政策だとして、圧倒的に不利な状況の中で孤立無援の阻止闘争を展開している脳性マヒ者たちがいる。

一九七三年（昭48）十一月二十日付、政令第三三九号は、養護学校（精神薄弱・肢体不自由・病弱児のための学校）に関する政令として、一九七九年（昭54）四月一日から養護学校の義務制を施行することを公布した。これは都道府県が養護学校を建てる義務と、該当する児童を親がそこに就学させる義務という両面を持つ。

子供社会では平等

なぜこのようなことになったのか。それは「それを望む声が高まってきたから」（文部省）というのが、その最大の動機であり、よりどころである。常識的に見ても、これまで障害のために普通学校へ行けなかった児童や、普通学校ではハンディキャップがあって困っていた児童が、それらの児童のために作られた学校へ行けるようになるということは、基本的に「良いこと」のように思われる。

だが、そのような考え方こそ「健全者」の側だけの一方的発想だ——と主張するのが、脳性マヒ者たちの組織「青い芝の会」（本部、川崎市高津区子母口四三七）だ。その「望む声」はどこから出てくるのか。はたして当の障害者自身が心からそう望んでいるのか……。

「障害者自身」の一人として、全国青い芝の会総連合会副会長・関西青い芝の会会長の鎌谷正代氏（三五）の体験を聞く。脳性マヒ者としては言語障害が比較的少ない方といえよう。

兵庫県姫路市出身の鎌谷氏は、小学校三年の途中まで市内の普通小学校に通っていた。歩けなくて、目ヤニもたれ流した。それでも学校は楽しかった。何よりも、友達がたくさんできる。近所の子供はもちろん、同級生の子らも、毎日のように鎌谷氏の家へ遊びに来た。田んぼの土手へツクシをとりに行くときはおんぶしてくれたし、ナワトビさえも可能な限り手助けしてくれた。鎌谷氏と「健全者」の子らとの間に、何のわだかまりもなかった。子供社会の中に、脳性マヒ者は「いろいろある人間の一人」として平等に存在していた。

かえって差別感覚

だが、養護学校が新設されたために転校させられたときから鎌谷氏の世界は変わった。同級生はもちろん、近所の子も遊びに来なくなった。来る子もいたが、こんどは鎌谷氏の側がそれに応じられなくなってしまった。黙って下を向いたきりだ。なぜなのか自分でもわからない。遊びに来た友達も、つまらないから帰ってしまう。一人になったとたん、鎌谷氏は大声で泣いた。そんなことが繰り返された末、遊びにくる「健全者」の友達はついにいなくなった。養護学校までバスで往復二時間。家ではおとなだけ（保護者だけ）を相手にする生活しかなくなった。

中学生ぐらいになると、養護学校の同じ世代の少年たちに共通する疑問が出てきた。——「われわれと同じ年代の"健全者"たちは何を考えているんだろう」「われわれは[illegible]隔離されてきたために、まるで劣っているんじゃないか」「このまま卒業しても、施設やコロニーを転々として一生を終わるだけで、一般世間には出られないんじゃないか」……

自殺を考えたりした。事実、養護学校の扱い方は生徒を「劣った人間」と見るのが基本だった。遊びにしても、中学や高校になってもカクレンボだの鬼ゴッコだのをやらせる。しかも、養護学校では普通学校以上に差別感覚が"発達"していた。ケタ違い、むき出しだった。「健全者」に近い者ほどゴウマンになり、遠い者ほど差別されるという"序列"ができた。脳性マヒ者は全身障害のため、きわめて不安定な動作になる。それを他の身障者は「タコ踊り、見てやれ」といったり、言語障害について「ドCPが何いうてんのや」などという。

障害者を基本的に「人間」とみる発想を根本におくように、と厚生省更生課と話し合う「青い芝」の会員たち＝9月28日、厚生省で

「今の全教育体系が選別・差別を原則としているんやからね。普通学校自体がそうでっしゃろ。その一方の極に"英才教育"があって、それから下へスーッと連続した差別の階級があって、最後の極に養護学校や特殊学級があるんやね。養護学校の義務化によって、このハキだめとしての受けザラが完成するっちゅうことだんねや」

こうした考えから、青い芝の会は文部省に養護学校義務化の中止を申し入れたり、公開質問や団体交渉をすすめてきた。各都道府県単位でもさまざまな抗議運動や阻止闘争をしている。

だが理解示さぬ親・教師

だが、こうした障害者自身の主張に対する周辺の状況は甘くない。最もきびしい点は、養護学校を「望む声」が、当の障害者に最も身近なところから最も強く出る点にあるようだ。「養護学校を建てろ建てろといったのは、文部省じゃなくて、あなた方（青い芝の会）のお父さん、お母さん、先生方なんです」（今年一月三十一日、文部省と青い芝の会の交渉で、文部省特殊教育課側の発言）

これはまさにその通りであった。脳性マヒの子を持つ親の苦労は、健全児を育てる苦労の何百倍に相当するか見当もつかない。その末に学校へも満足に行けない現状に、一部の親は絶望的になり、脳性マヒ児の家庭の一家心中事件や子殺し事件もあとを絶たぬ。青い芝の会は、こうした心中や子殺しを、障害者自身の立場により他殺とみる。尊属殺人とみる。根本的には社会の負うべき責任を親が負わされている悲劇としても、子殺しの親に対する「減刑運動」には強いアレルギーを示す。

普通学校に設備を

養護学校に対する親の態度に対しても同様だ。隔離して、合法的「子捨て」に手を貸そうというのか。先生たちにしても、取り扱いがめんどうだから、「健全児」の教育の足カセになるから、事故の責任をかぶりたくないから、だから隔離してしまおうと……。

こうした視点を基本とする青い芝の会は、だから養護学校を作るかわりに、その予算で、地域の普通学校に障害児も通学できるような設備を加え、そのための先生を増員すること（とくに身障者自身が先生になること）を要求する。それこそが本来の教育ではないか、養護学校義務化は、こうした方向をむしろとりにくくするというのである。

しかし、日教組をはじめ、関係する大きな組織に、青い芝の会を全面支持するところはほとんどない。政党にしても、自民党は「文部省はウチの指導でやっている」（同党本部政務調査会）という感覚だし、社会党は関西の一部を別とすればやはり義務化に賛成だ。公明党も、青い芝の会の主張を理解するとしながら、現状ではやむをえぬとして消極的賛成。共産党も自民党とは全く視点を異にするとはいえ、一歩前進として賛成する。「青い芝宣言」（横塚晃一会長の今年年頭の辞から）は今のところ孤立無援のようだが、同会が中心になって全国障害者解放運動連絡会議（大阪市東淀川区南方町三〇〇）を来年の夏結成するなど、運動の広がりは見られる。

他方、「理想としては障害児・健常児の区別なく普通学校へ入学させることであっても、現状ではその段階では……」（東京都教育庁就学指導課・渡辺祐之氏）というように、「青い芝」の考え方の基本的正しさを認める者もある。

その方が健全児の偏見をなくすと同時に、障害児の存在によって健全児も逆に教育される。それを実証したのが、今春のアメリカの「心身障害者差別撤廃行政命令」である。保健教育福祉省のカリファノ長官は、四月二十八日にこれに署名したときの声明で「障害児は最大限可能な限り、公立学校において分離されてはならず、普通学校において障害をもたない子供と共に教育されなければならない」と宣言した。

「青い芝」の孤立無援も、世界の大勢の中では全く絶望的状況というわけではないようだ。

（編集委員・本多勝一）

資料13　「養護学校の義務化をめぐって」（『朝日新聞』1977年10月3日付け）

「統合教育」に消極姿勢

障害児教育のあり方報告

中央心身障害者対策協議会部会

障害者対策の「国内長期行動計画」の具体案を審議している中央心身障害者対策協議会・国際障害者年特別委員会（総理府の付属機関）の教育・育成部会（五島貞次会長）は二十二日、今後十年間の展望に立った障害者の教育関連施策として①交流教育の推進②都道府県に特殊教育センター設置③視聴覚障害者の短大創設――などを骨子とし部会報告書をまとめた。最大の焦点だった、障害児を普通学校に受け入れる「統合教育」については、審議の過程で文部省が①普通学校では重度障害児に適切な教育をすることが不可能②健常児の教育に支障が生じる恐れがある③多額の財政負担を強いられる――など否定的な見解を文書で提示。結局、報告書は養護学校が義務化された五十四年度から文部省が指導している「交流教育」の推進を求めるのにとどまり、統合教育への移行には極めて消極的な内容となった。報告書は、すでにまとまっている雇用・就業部会の報告書などと一緒に、年内に鈴木首相に意見具申される。

文部省見解も反映

報告書は、まず前文で国際障害者年のテーマである「完全参加と平等」という理念の基礎は「障害者を可能な限り社会の中に統合しようとする考え方にある」とうたい、その観点に立てば、わが国の教育・育成分野の各種施策には「なお充実すべき課題が残されている」と指摘。今後、施策相互の連携も強化すべきだとしている。

教育施策では今後、複雑多岐にわたる障害児の実態にキメ細かく対応できるよう「質的充実」に重点を置くべきだとして①教育方法の改良②現職研修による教師の資質向上③教職員定数・学級編成の改善――などを要望。また養護学校の義務化で多数の重度・重複障害児の就学が実現しているが、介護のための「介助職員」の充実や、父母負担軽減の特殊教育就学奨励費の充実をも求めている。

さらに、義務化はしたものの卒業後の進路が保証されておらず、働く場がなくて高等部へ進学する重度障害児が増える傾向にあることから、高等部の現在の職業教育について「学科の構成など、雇用環境の変化や時代の要請に即応しているとは言い難い」と指摘、その見直しを迫るとともに、身障者の大学受け入れをめぐっては「受験機会の確保」「出題・解答方法の配慮」などを訴えている。また現在、筑波学園都市で視聴覚障害者のための短大創設が準備されているが、こうした構想は「さらに検討を進める必要がある」として、高等教育への進学機会の拡充を求めている。

一方、物的な条件整備としては愛知、福岡など全国十一カ所（六月現在）にある都道府県ごとの「特殊教育センター」設置の促進のほか、小・中学校でも校舎新増設の際は障害児のために配慮するよう要請している。

最大の論点として注目された「統合教育」は、障害児を健常児から隔離せずに一緒の教室で勉強させる方式。健常児からの刺激によって障害児の発達が促進される一方、障害児と一緒に教育されることで健常児に本当の意味の福祉の心の芽生えが養われる――として各地に父母たちの促進運動グループがあり、この八月には金沢嘉市（児童教育研究家）永六輔（放送タレント）灰谷健次郎（作家）ら七氏の呼びかけで「障害児を普通学校へ・全国連絡会」が結成されるなど関心も広がっている。

しかし文部省特殊教育課は審議の過程で四項目からなる「統合教育の問題点」の文書を提出。①重度障害児は一般の教育課程に適応が困難②教員および一般児の負担が増える（普通の手助けのみをあてにできない）③学校施設の改善、スクールバスの整備のほか介助職員などの配置が必要となる――などの問題点をあげ、統合教育を実施しようとすれば「現行の特殊教育制度、ひいては学校教育制度全体の根幹に触れる大問題となる」として、消極的な考え方を明確にした。

結局、こうした文部省の姿勢も反映されて、報告書は具体的には「統合教育」に一切触れず、それに代わって従来の交流教育（特殊教育諸学校がそれぞれ地域の小・中学校から提携校を選び、遠足や音楽会などに限定して一緒に教育する）の推進が提言されたのにとどまった。

報告書の要旨

中央心身障害者対策協議会の国際障害者年特別委員会「教育・育成部会」報告書（原案）の要旨は次の通り。

▽第1章　心身障害児に係る教育施策の充実

【1】心身障害児の教育のあり方①特殊教育諸学校の障害の重い子供についても、社会性を養い好ましい人間関係を育てるため、障害のない子供と活動を共にし互いに理解し合うことは大いに望ましく有意義である。このため特殊教育諸学校に在学する子供が小・中学校の子供や地域社会の人々と活動を共にする「交流教育」をさらに一層推進する必要がある②小・中学校の教員についても大学での養成段階や現職の研修過程で特殊教育に関する知識を得させ理解を深めさせるよう配慮すべきだ③わが国の現行の特殊教育制度は欧米諸国の動向と大きく隔たってはいないと考えられる。

【2】特殊教育振興のための諸施策（1）特殊教育の質的充実　特殊教育諸学校、特殊学級については質的充実に重点を置き施策を推進すべきだ。その際、留意すべき事項は▽教育内容・方法の改善▽教職員の資質向上▽教職員定数および学級編成の改善▽施設の整備充実▽設備の充実▽就学奨励費の充実▽小・中学校の施設設備面の配慮（特に校舎の新増築にあたり配慮する）▽研究・研修体制の整備（国立特殊教育総合研究所の充実をはじめ都道府県特殊教育センターの設置促進に努める）など。

（2）重度・重複障害児の教育の充実　通学が困難な子供に訪問教育の充実を図る（3）心身障害児に係る職業教育の充実　高等部の職業教育は学科の構成などについて雇用環境の変化や時代の要請に即応しているとは言い難い面もあるので、そのあり方を見直す必要がある（4）心身障害児に係る早期教育および後期中等教育の充実　早期発見・早期治療のため医療機関、保健所、児童保健所、障害児総合通園センター、児童福祉施設、特殊教育センター、特殊教育諸学校幼稚部などの関係機関を地域の実態を考慮しつつ整備充実の必要がある。また障害の軽い子供を中心に幼稚園への受け入れのための条件整備に努める必要がある（5）障害児適正就学指導の充実（6）交流教育の推進　一層の推進を図る必要があるが、その際留意すべき事項は①機会の積極的設定と継続の努力②障害児理解推進校の指定など認識推進作業の充実――など。

【3】高等教育分野における障害者への配慮の強化　大学受験の機会確保とともに教育研究条件の整備に努める必要がある。このため各大学は特に身体障害者の試験にあたっては障害の程度・種類に応じ出題・解答の方法など特別な措置に配慮するとともに、施設整備にあたっては身体障害者の利用に配慮する。また視聴覚障害者を対象とする短期大学を創設する構想についてさらに検討を進める必要がある。

▽第2章　心身障害児に係る育成施策の充実

【1】心身障害児の育成のあり方　福祉施策においても従来の各種施策を見直し、早期療育対策など家庭のニーズに的確に対応する

【2】福祉施設における療育機能の強化　心身障害児のための児童福祉施設はすでに量的整備はほぼ需要に応じられる状態で、今後はそれぞれの施設の質的条件の整備を図る必要がある。具体的な課題は①療育方法に関する国の心身障害研究などの推進②早期発見された障害児に早期療育を行う通園施設の質的拡充③国・地方公共団体などによる職員養成と研修強化向上のための条件づくり――など。

【3】在宅対策と施設対策の統合化　施設を入所児のためだけのものにせず広く地域社会の障害児が利用できるようにするため緊急保護事業を含む障害児施設地域療育事業を拡充強化する。

▽第3章　心身障害児に係る教育・育成施策の連携

（1）各地域で特殊教育諸学校と関係諸機関が連携を図るため「連絡会議」設置などが有効である（2）児童福祉施設、医療機関に入所している学齢期の障害児については学校教育との連携について特に配慮する必要があり、合同の職員研修などが有効である。

資料14「『統合教育』に消極姿勢」（『毎日新聞』1981年10月23日付け）

はなく、分けることに目的があることを見抜き、かえって反発を招き、調査には現れないトラブルが各地に起こりました。もちろん、金井康治さんの転校闘争も止揚学園の地域の学校への通学闘争は続いていました。一九八一年八月の障害児を普通学校へ・全国連絡会の結成はそのような親子を支援する目的でした。

養護学校義務化から三〇年、教育の国家主義、能力主義が進み、就学時健康診断に始まり、高校入試、共通一次（養護学校義務化と同じ一九七九年）、習熟度学習、学力テストなど分けられ続けるなか、分ける、分けられることへの抵抗が少なくなってきたように思います。

学校教育法改正で同施行令一八条の2が改正され、就学指導の場では、教育・医学・心理学等の専門家の意見聴取と同様に、保護者の意見を聞かなければいけないという趣旨が盛り込まれました。しかし、私たちが要求した「尊重する」という文言は入りませんでした。

この頃、熱心に調べ回って子どもの進路を決めるのが保護者の責務のように思っている人を見ますが、私は選ぶのは本人だと思っています。どんな子でも体験も含め判断できる資料をきちんと与えれば、自分の行く先は選びます。その意味で本人・保護者の意見とすべきと思っていますが、法律では子どもは意見表明の主体ではないのです。私たちは世間をはばかる親によって選択され、実情を知らされることなく、養護学校に行って悔しい思いをしている障害者をたくさん知っています。そこが普通のところでないことを知って、一旦は親を恨んだ人もいますが、恨むべきは親を惑わせた行政です。いずれ環境を整えた上で、選ぶのは本人・保護者としたいものです。

今はもう、早い段階から振り分けが行き届いています。通園施設に行けば得られる情報は特別支援教育ばかりです。次第にそれ以外の進路は考えないようになり、よいサービスを求めるようになります。就学奨励費も魅力です。分離教育の普及奨励を図るため、盲・聾・養護学校への就学奨励に関する法律により別表（六四頁）のように奨励費が援助されます。

それまで就学猶予や免除になっていた人がたくさんいましたので、義務化されて一、二年は特殊教育に籍を置

別表　特殊教育就学奨励費負担金等対象経費一覧（2004年３月、文部科学省特別支援教育課）

12　特殊教育就学奨励費負担金等対象経費一覧

（平成16年度）

区分	特殊教育諸学校															特殊学級	
	幼稚部			小学部			中学部			高等部 本科・別科			高等部 専攻科			小・中学校	
	Ⅰ	Ⅱ	Ⅲ	Ⅰ	Ⅱ	Ⅲ	Ⅰ	Ⅱ	Ⅲ	Ⅰ	Ⅱ	Ⅲ	Ⅰ	Ⅱ	Ⅲ	Ⅰ・Ⅱ	Ⅲ
教科用図書購入費	—	—	—	—	—	—	—	—	—	10／10	10／10	10／10	10／10	10／10	10／10	—	—
学校給食費	10／10	1／2	—	10／10	1／2	—	10／10	1／2	—	10／10	1／2	—	10／10	1／2	—	1／2	—
交通費 通学費 本人経費	10／10	10／10	10／10	10／10	1／2 1／2	1／2 1／2	10／10	1／2 1／2	1／2 1／2	10／10	1／2	—	10／10	1／2	—	10／10	10／10
交通費 通学費 付添人経費 付添中	10／10	10／10	10／10	1～3年 10／10 4～6年 （肢重） 10／10	1～3年 1／2 1／2 4～6年 （肢重） 10／10	1～3年 1／2 1／2 4～6年 （肢重） 10／10	（肢重） 10／10	（肢重） 10／10	（肢重） 10／10	（肢重） 10／10	（肢重） 1／2	—	（肢重） 10／10	（肢重） 1／2	—	—	—
交通費 通学費 付添人経費 付添いのため	10／10	10／10	10／10	1～3年 10／10 4～6年 （肢重） 10／10	1～3年 10／10 4～6年 （肢重） 10／10	1～3年 10／10 4～6年 （肢重） 10／10	（肢重） 10／10	（肢重） 10／10	（肢重） 10／10	（肢重） 10／10	（肢重） 1／2	—	（肢重） 10／10	（肢重） 1／2	—	—	—
交通費 帰省費 本人 1～3回	10／10	10／10	10／10	10／10	1／2 1／2	1／2 1／2	10／10	1／2 1／2	1／2 1／2	10／10	1／2	—	10／10	1／2	—	—	—
交通費 帰省費 本人 4～39回	10／10	10／10	10／10	10／10	10／10	10／10	10／10	10／10	10／10	10／10	1／2	—	10／10	1／2	—	—	—
交通費 帰省費 付添人経費 1～3回 付添中	10／10	10／10	10／10	10／10	1／2 1／2	1／2 1／2	10／10	1／2 1／2	1／2 1／2	（肢重） 10／10	（肢重） 1／2	—	（肢重） 10／10	（肢重） 1／2	—	—	—
交通費 帰省費 付添人経費 1～3回 付添えのため	10／10	10／10	10／10	10／10	10／10	10／10	10／10	10／10	10／10	（肢重） 10／10	（肢重） 1／2	—	（肢重） 10／10	（肢重） 1／2	—	—	—
交通費 帰省費 付添人経費 4～39回	10／10	10／10	10／10	10／10	10／10	10／10	10／10	10／10	10／10	（肢重） 10／10	（肢重） 1／2	—	（肢重） 10／10	（肢重） 1／2	—	—	—
交通費 職場実習費（交通費）	—	—	—	—	—	—	10／10	10／10	3／4	10／10	1／2	—	10／10	1／2	—	10／10	3／4
交通費 交流学習費	10／10	10／10	3／4	10／10	10／10	3／4	10／10	10／10	3／4	10／10	1／2	—	—	—	—	10／10	3／4
寄宿舎居住に伴う経費 寝具購入費	10／10	1／2	—	10／10	1／2	—	10／10	1／2	—	10／10	1／2	—	—	—	—	—	—
寄宿舎居住に伴う経費 日用品等購入費	10／10	1／2	—	10／10	1／2	—	10／10	1／2	—	10／10	1／2	—	10／10	1／2	—	—	—
寄宿舎居住に伴う経費 食費	10／10	1／2	—	10／10	1／2	—	10／10	1／2	—	10／10	1／2	—	10／10	1／2	—	—	—
修学旅行 修学旅行費 本人経費	—	—	—	10／10	1／2	—	10／10	1／2	—	10／10	1／2	—	—	—	—	1／2	—
修学旅行 修学旅行費 付添人経費	—	—	—	（肢重） 10／10	（肢重） 1／2	—	（肢重） 10／10	（肢重） 1／2	—	（肢重） 10／10	（肢重） 1／2	—	—	—	—	—	—
修学旅行 校外活動費 本人経費	10／10	1／2	—	10／10	1／2	—	10／10	1／2	—	10／10	1／2	—	—	—	—	1／2	—
修学旅行 校外活動費 付添人経費	10／10	1／2	—	10／10	1／2	—	10／10	1／2	—	10／10	1／2	—	—	—	—	—	—
修学旅行 宿泊生活訓練費 本人経費	—	—	—	10／10	1／2	—	10／10	1／2	—	10／10	1／2	—	—	—	—	—	—
修学旅行 宿泊生活訓練費 付添人経費	—	—	—	10／10	1／2	—	10／10	1／2	—	10／10	1／2	—	—	—	—	—	—
修学旅行 職場実習宿泊費	—	—	—	—	—	—	—	—	—	10／10	1／2	—	10／10	1／2	—	—	—
学用品購入費	10／10	1／2	—	10／10	1／2	—	10／10	1／2	—	10／10	1／2	—	—	—	—	1／2	—
新入学児童・生徒学用品費等	—	—	—	10／10	1／2	—	10／10	1／2	—	10／10	1／2	—	—	—	—	1／2	—
通学用品購入費	10／10	1／2	—	10／10	1／2	—	10／10	1／2	—	10／10	1／2	—	—	—	—	1／2	—

（注）　1　網掛け（　　　）の欄は、負担金分である。

2　表中「（肢重）」は肢体不自由養護学校の児童・生徒又は、肢体不自由養護学校以外の重度・重複障害を有する児童・生徒である。

3　交通費の付添人経費で「付添中」は、幼児、児童又は生徒に付添っている場合であり、「付添いのため」は、幼児、児童又は生徒を送迎するために保護者が単独で往復する場合である。職場実習費（交通費）及び交流学習費については文部科学大臣の定めるところにより、保護者の負担能力によっては支給しない場合がある。

4　特殊学級の交通費のうち職場実習費については、中学校が対象であり、交流学習費については、特殊教育諸学校及び特殊学級との交流が対象である。

5　表中「Ⅰ」、「Ⅱ」及び「Ⅲ」は、保護者の経済的負担能力による区分である。

く人が増えましたが、その後一〇年くらいは増えないどころか減り続けました。実数だけでなく割合でもです。私たちは、〝誰だって分けられるのはいやだ、養護学校をつくっても希望する人は増えないではないか〟という証拠に使ったものです。

それが九五年から増え出します。なぜでしょうか、いろいろな要素があると思います。九五年は、いろんな意味で世の中の変わり目でした。市民運動も労働運動も様変わりします。日教組は文部省と協調路線を組みます。

この年、文部省は就学指導の基本的な事項を解説した「就学指導資料」を改めます。

養護学校義務化の直後の八一年に出された就学指導資料は、冒頭に「……心身の障害の程度が学校教育法施行令二二の2の表に規定する程度の者の保護者は、その保護する子女を入学期日の通知を受けた、盲学校、聾学校又は養護学校へ就学させることになる。……」を掲げ、障害の程度の正確な判断と適正な措置を行うよう示しています。その強制的な措置に、分離が目的である養護学校義務化の正体を見抜き、普通学級への就学を希望し、トラブルや裁判に至ることもしばしばでした。このような状態から教育に強制は馴染まないと気がついたのでしょうか。改訂された就学指導資料は、第一に早期からの教育相談の重要性を挙げ、就学相談にあたっては実施主体は教委であるが、まずは障害児の保護者の悩み、不安、感情を受容し、信頼関係をもてたところで障害児には特別な教育的対応の必要性を説き、教育措置の必要性について納得できる情報をわかりやすい表現で提供し理解させることが大切で、その子が「教育措置基準に該当するか否か、さらに該当する場合の具体的な教育措置を話題にするのは最後の段階である」と、強硬路線から寄り添い説得に路線変更しました。そのような対応によって就学指導の正体が見えにくくなり、従ってしまうケースが増えてきたことも原因の一つだと思います。

四　自主研のことと対策会議のこと

伝習館闘争から始まった

日教組は日教組教研集会を自主編成に基づく自主教研と言ってきましたが、私たちの言う自主研はそれから自立したものです。

自主研は一九七〇年から行われてきましたが、本格的に日教組教研現地で行うようになったのは七二年の山梨教研以来です。伝習館事件（七〇年、福岡県立伝習館高校の三教諭が「偏向教育」を理由に懲戒免分を受けた事件）を日教組が支援しないことに抗議して「自主編成を唱える日教組が、最もよく自主編成をした伝習館をなぜ支援しないのか」と開いてきた研究会ですが、伝習館だけでなく、障害児教育が自主研のもう一つの柱になっていったのは、七七年の埼玉教研のときに笹目小（戸田市）の闘争があったからです。

笹目小学校の共に学ぶことをめざす教員が特殊学級設置によって子どもたちの間に新たに起こった差別を見て、特殊学級を解体して普通学級で受け入れようとしたのですが、容れられず、不当配転させられ、裁判になった事件です。

当初は日教組教研と並行して別枠でやっていましたが、その頃は昼間教研の討論に参加して、終了後に自主研を開くという形をとっていました。

七六年からの松沢みどりさんの就学闘争は、施設から普通学校へという闘争でしたが、そのことに関して共産党系（発達保障論）の人たちは批判的で、みどりさんが登校拒否になると、『赤旗』は障害児の教育権を奪っていると書き立てました。教研にも同趣旨のレポートを出してきて、こちらの反論を妨げます。これが具体的な課題として、共に学ぶという視点が重視され、自主研の課題に盛りました。

七八年は、沖縄でしたが、私は行っていません。翌年の水戸教研では、これらの問題に加えて止揚学園の問題が出ました。自主研は例外なく地元の皆さんの協力なしには成り立ちません。水戸では主として茨城大学の学生さんが、協力してくれました。

当時は、伝習館闘争がたくさんの反権力教育闘争の結集軸の役割を果たしていました。運動の中心の一つが伝習館闘争で、もう一つが養護学校義務化反対闘争でした。その時期の実質的な十三分科会対策会議でした。自主研も伝習館と障害児の二つの柱でした。もちろん二つの柱は相互に関連するもので、養護学校義務化反対も伝習館も、各地に闘うグループがありました。八三年の盛岡教研のときは、高教組組合員である伝習館のメンバーが自主研を仕切ってくれました。

昨今、警備などの状況で大変難しくなっていますが、日教組教研の会場入り口近くでも参加を呼びかけるビラを配ってきました。付近にはビラを配る人の列ができます。組織に乗らないさまざまな闘いがあることがわかります。

教研集会に参加すると、ああ、こんなに仲間がいるのだという感動を覚えるのですが、分科会となるといろいろ制限もあって納得した話し合いができないこともあります。自主研にはそれが目的で来る人もいますが、分科会に満足できない人たちがビラを見て来ます。よく「ここへ来てやっとわかった」とか「自主研に来て納得できた」などという声を聞きました。

そのような状況に対して、初期の段階では「自主研は自主研で日教組教研を補完するものではない」という意見もありました。私はそれでもいいかなと思っていましたが、二十四次の岡山（七五年）までは全日程日教組教研と並行して行われました。第二十一次の山梨教研（七二年）の自主研は民間施設を借り切って、次の山形教研（七四年）は山形大学の学生寮で。そうこうしているうちに、教研の場の論議を無視できなくて、第二十六次の埼玉（七七年）から夜にやるようになりました。それでもずっと批判はあったのですが、だんだん教研で話せないこと、語り切れないことが話題になるようになってきました。

そのうち教研での警備が厳しくなり、日教組と共に県警のチェックを受けないと会場に入れなくなったのは、私の記憶では第二十一次あたりからです。いつも、対峙している警官に守られた教研集会に違和感をもったものです。

自主研は、伝習館裁判が最高裁で敗訴（九〇年一月十八日）したところで伝習館闘争が終結したのに従ってやめたのですが、単なる処分撤回闘争ではなかった伝習館闘争は、教育における反権力闘争の結集軸の役割を確実に果たしましたし、そのなかで「共に学ぶ」も位置づけることができました。

自主研が終わっても教研集会だけでは満足できない人がいて、第四十九次の金沢教研（二〇〇〇年）から、日教組が放棄した「日の丸・君が代」問題交流会の形で引き継がれています。今、余裕のない日教組は、この交流会を某セクトの企画と思い込んでいるようですが、そうではありません。思想・良心の自由を冒されたくないという人たちのやむにやまれぬ集いです。

私は若干の思想信条や教育実践の違いがあっても、仲間が処分されたら、撤回闘争を支援するのは当然だと思っています。

障害児教育分科会対策会議

長い間、教研集会障害児教育分科会（第十三分科会）では、多数派を占める「発達保障論」者が、私たちの「共生・共学」の主張を「教育・学習・発達権」を否定する暴論だという時代が続きましたが、共に学ぶことをめざす仲間はめげずに闘いました。第三十次の東京教研（一九八一年）までは八名の助言者がすべて「発達保障論」者でしたが、第三十一次（広島）から石川憲彦さんが入られたことで勢いを得ました。「全国交流集会」という名称で第十三分科会の対策会議を呼びかけていましたが、教研担当執行委員や志沢書記（本書の編者）が参加してくれるようになりました。

ようやく名実共に「十三分科会対策会議」として、「日教組社会党員（友）協議会」（会長・槇枝元文、略称・党員協）に認知されるのは八二年になってからです。十二月三日に障害児学校部総会議案検討が、十二月三十日には分科会レポート検討会が呼びかけられています（資料15）。

資料15　日教組社会党員（友）協議会のよびかけ

一九八一年七月二八日

日教組社会党員（友）協議会

会長　槇枝元文

各都道府県（高）教組党員（友）協幹事　殿

障害児教育の推進会議開催について

――第十三分科会の教育内容の充実強化をめざして――

「養護学校の義務化」発足から、具体的な素材にもとづいて障害児たちの教育権の保障をどうするのかという基本的な問題が積極的に論議されてきました。第三十次全国教研の場でも義務化にともなう障害児のふり分けの問題や地域父母の要求をめぐっての取り組み状況報告は、意見のかみ合わないまま、問題点を残しておわりました。

三月には、全国教文部長に集まってもらい、「障害児教育を今後どう取り組むか」について論議しましたが、義務化から日浅い時点で各県では大きな実状のちがいや制度と実態との複雑な問題も山積されており全国的な共通の理解を得るための学習会をすることに決定し三月末にブロックを単位として、直接実践者を含めて意見交換をしました。

そこでは、まだ共同教育の理念や実践についての共通理解が今一歩というところでした。ですから、これから共通理解を深め統一しての実践課題を明らかにする努力をすることを確認し、更に三十一次教研にむけて意思統一として参加するよう日常の実践の積み上げが必要であることを痛感しました。

以上のことから、三十一次教研へ向けての十三分科会への取り組みを次のように考えています。

(一)　全障研や障全協の主導の十三分科会をどうつくりなおすのか。（現状と実態）

(二)　そのためには私達の実践をより強く組織的に共同教育・統合教育の実践をきちんと明らかにするために、

・養護学校の問題と教研の中にどう位置づけるのか

・どの子どもも地域の学校で学べるようにする。それにともなう受け入れ条件の整備

・障害児学級をどう組織化するか

(三) 十三分科会について

助言者や運営、障害別の分科会の問題など……

以上のように組織内外共に多くの問題があります。

日教組第五六回定期大会では、障害児教育の運動方針を次のように決定しました。

(4) 国際障害者年の「完全参加と平等」及び国連の「国際障害者年行動計画」を支持し、運動を飛躍的に発展させます。

① 本部および各県に国際障害者年対策委員会を設置し、障全協、障害運など障害者団体、父母団体を軸に国際障害者年日本推進協議会、社会党、総評および各単産などとの連携を密にし、国および自治体で障害者施策の「総合十ヵ年計画」を策定される運動をすすめます。

② すべての障害者の発達権、学習権を保障するため、

イ 「養護学校の義務化」三年目の実態を明らかにし、成果と問題点を洗い出し、問題点については解決にむけてとりくみます。

ロ 障害の予防、早期の発見、治療、早期の保育、教育の充実を要求して運動をすすめます。

ハ 差別・選別に利用されている「就学指導委員会」「就学児健康診断」を改めさせ、障害児学級、障害児学校での教育を充実させるとともに、「機械的な分離ではなく適切な統合教育を」の方向にそって障害と発達をふまえ可能な限り普通の子どもたちとの「共同教育」をおしすすめます。

ニ 障害者に後期中等教育の機会の拡大をはかり、大学教育においても差別をなくし、進学の門戸を開放する運動をすすめます。

③ 障害児教育に関する教員養成制度の抜本的改善および民主的現職教育の強化を要求して運動をすすめます。

④ 障害児・者の学校卒業生の労働権を保障し、社会的完全参加をかちとる運動を強化します。

⑤ 学校・公共施設などを障害児・者が利用できる施設、設備等を改善させる運動をすすめます。

真の障害児教育を推進するために、今私達は統一した実践の強化拡大が要求されます。これがための推進会議を左記の通り開きます。各県においては、障害児学校・学校の実践者教文関係者等の出席方お取計いをよろしくお願いいたします。

極めて多忙な時期ですが事の重大性に鑑み格段のご配意を頂くよう重ねてお願いいたします。

八三年の第三十二次（盛岡）からは、篠原睦治さんが助言者に加わられ、さらに力を得ました。

八四年四月からは「ともに生きる教育をめざす会」を名乗って、共に学ぶことをめざす仲間の実践を集めて出版した『ともに生きともに学ぶ』（この本の帯には、副委員長だった故橋口和子さんが推薦の言葉を書いています）の印税を使って通信の発行を始めました。さらにパンフ『私たちのめざす障害児教育』第一集（八四年十月）、第二集（八五年十一月）、第三集（八八年十月）を発行し、多くの組合員の支持を得ました。

ちなみに第一集の発行元は私の所属していた都教組大田支部気付になっていますが、二集からは日教組教文局気付になりました。この間、八六年三月まで事務局の中で私が通信発行を担当しましたが、定年退職に伴い、四月からは世田谷教組の斎藤幸嗣さんが担って下さいました。その時宜に応じた丁寧な通信（資料16）は、対策会議の発展解散の九一年一月（四〇号）まで続き、仲間の連帯を強め、ひいては日教組からの反主流派（共産党系）単組離脱に伴って、三島敏男障害学校部長が辞任に追い込まれる（八九年）下地をつくり、小川恭司部長への移行をスムーズにし、『共育への道』『続、共育への道』（アドバンテージサーバー刊）に繋がったと思います。

日教組運動方針（障害児教育の部分）にその間の変化を見ます。

資料16・手書きの通信

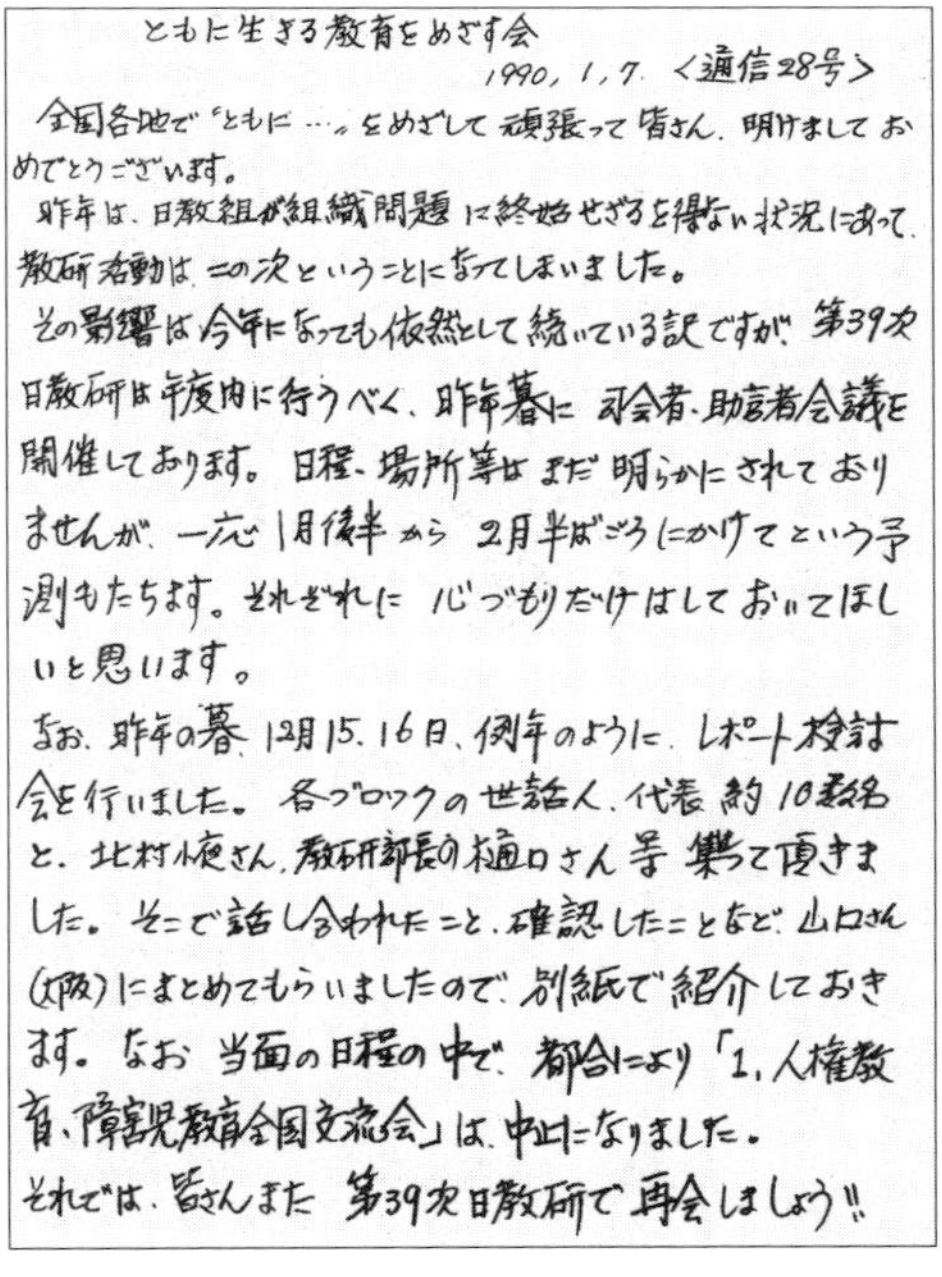
ともに生きる教育をめざす会
1990.1.7. <通信28号>
全国各地で「ともに…」をめざして頑張って皆さん、明けましておめでとうございます。
昨年は、日教組が組織問題に終始せざるを得ない状況にあって、教研活動は二の次ということになってしまいました。
その影響は今年になっても依然として続いている訳ですが、第39次日教研は年度内に行うべく、昨年暮に司会者、助言者会議を開催しております。日程、場所等はまだ明らかにされておりませんが、一応1月後半から2月半ばごろにかけてという予測もたちます。それぞれに心づもりだけはしておいてほしいと思います。
なお、昨年の暮、12月15.16日、例年のように、レポート検討会を行いました。各ブロックの世話人、代表約10数名と、北村小夜さん、教研部長の樋口さん等集って頂きました。そこで話し合われたこと、確認したことなど、山口さん（大阪）にまとめてもらいましたので、別紙で紹介しておきます。なお当面の日程の中で、都合により「1.人権教育、障害児教育全国交流会」は中止になりました。
それでは、皆さんまた第39次日教研で再会しましょう!!

一九七七年度

六、障害児教育を積極的に推進します。

（一）すべての障害児の教育権の保障をめざして教育運動をすすめます。そのためにとくに障害児学級、養護学校を民主的に増設する運動をすすめ、「就学義務の猶予・免除」をなくす運動と結合して、すべての障害児の就学を七九年度を待つことなく実現をはかります。また、障害児の発達を保障する教育実践を教育予算獲得の運動と結合してすすめます。

（二）障害児の差別・選別に利用されている「判別委員会」をあらため、障害児が障害をうけていることによって起こる一切の発達障害をのりこえていくための教育の場をどう求めるか、適切な就学保障を援助する民主的かつ専門的な委員会を構成するよう運動をすすめます。

（三）現実に差別と選別の切り捨て学級にされている多くの「特殊学級」を改善し、問題行動児や学力不振児は普通学級にもどす運動をすすめます。

さらに障害児学級との間の共同教育を積極的にすすめ、教育条件の改善をつよく要求します。

（四）従来の就学義務の猶予・免除を条件にした「訪問教師」制度を改め、学籍を与えるとともに、入院加療や自宅療養中の障害児にも具体的な教育が保障される訪問教育を確立します。

（五）障害児教育をすすめるなかで、療育の自主的・民主的改善を重視してとりくみます。

また、障害児の後期中等教育および大学教育における差別をなくし、進学の門戸を開放する運動をすすめます。

一九八一年度

四　国際障害者年の「完全参加と平等」及び国連の「国際障害者年行動計画」を支持し、運動を飛躍的に発展させます。

（一）本部および各県に国際障害者年対策委員会を設置し、障全協、障害連など障害者団体、父母団体を軸に国際障害者年日本推進協議会、社会党、総評および各単産などとの連携を密にし、国および自治体で障害者施策の「総合十か年計画」を策定させる運動をすすめます。

（二）すべての障害者の発達権、学習権を保障するため、

（イ）「養護学校の義務化」三年目の実態を明かにし、成果と問題点を洗い出し、問題点については解決にむ

けてとりくみます。

（ロ）障害の予防、早期の発見、治療、早期の保育、教育の充実を要求して運動をすすめます。

（ハ）差別・選別に利用されている「就学指導委員会」「就学時健康診断」を改めさせ、障害児学級、障害児学校での教育を充実させるとともに「機械的な分離ではなく適切な統合教育を」の方向にそって障害と発達をふまえ可能な限り普通の子どもたちとの「共同教育」をおしすすめます。

（二）障害者に後期中等教育の機会の拡大をはかり、大学教育においても差別をなくし、進学の門戸を開放する運動をすすめます。

（三）障害児教育に関する教員養成制度の抜本的改善および民主的現職教育の強化を要求して運動をすすめます。

（四）障害児・者の学校卒業生の労働権を保障し、社会的完全参加をかちとる運動を強化します。

（五）学校・公共施設などを障害児・者が利用できる施設、設備に改善させる運動を進めます。

一九八五年度

すべての障害児・者の発達権、学習権を保障し、完全参加と平等の実現をめざす取り組みを強めます。

（一）養護学校義務化以降の実態と成果をふまえ、その問題点解決のとりくみを強めます。

（二）就学にあたっては、行政の措置権優先による強制的振り分けではなく、保護者の選択権を優先させるため、差別・選別に利用されていることの多い「就学指導委員会」「就学時健康診断」などの民主化をはかるとともに、父母の意向に反するときは異議申し立てができる制度を確立し、「機械的分類でなく適切な統合教育を」の方向にそって、可能な限り健常児との「共同教育」を進めます。

（三）障害児の保育・教育と後期中等教育の拡大、大学教育の保障を進めます。

（四）障害児・者の学校卒業後の労働権を保障し、社会教育の充実に取り組みます。

資料17 「障害」者の声は届いただろうか？

第13分科会参加の皆さんへ

——養護学校で12年間生きてきた。何もかも一人でできるのがいいことだと、そればかりをたたき込まれてきた。そして、人の援助を求めること、助けを得ることに罪悪感を持たされてきた。できない、何も出来ないこの自分の存在を否定し続けながら生き続けなければならなかった自分の、この苦しみが〝発達〟〝発達〟と叫ぶ教師たちにわかるか？　わかるのか！——

「子どもたちから学ぶべきは成長・発達の事実であって子ども同士の関わりなどではない」と公言してはばからない発達至上主義の人々は「学力の問題を中心に論議すべきだ」「言語能力を身につけているからこうやって議論できるのだ」「適応のための基礎学力を！」さらには「人間らしい体作りを！」とまで、平然と言ってのけました。この人たちには本当に、先の「障害」者の声が届いたのでしょうか？

臨教審と真に対決する道すじは「発達保障」、「条件、整備」のみか？

今回の教研は、「自由化」という名の競争・能力主義、「個性化」という名の差別・選別主義に象徴される臨教審路線にどう立ち向かうか、というのが大きな目的であったはずです。臨教審は、一部助言者たちの言う様な、「安上がり・民間委託」のみでなく、すぐれて思想的な攻撃です。その事を嶺井助言者は昨年度「分断した上での国家目標への統合にある」と端的に表現し、〝生きる〟を指導する、という彼らに対して共生・共学の思想を対置し、自立しなければ人間ではない、という思想に対し、連帯と共感の教育をと訴えました。先の「障害」者の叫びは今、一層激しさを加えようとする臨教審攻撃に対して、共に斗かおう!! という熱い呼びかけであることに私たちは気づかされるのです。

発達保障論と、臨教審第3次答申のちがいはどこに？

これに対して発達保障論の理論的支柱である清水、西村、茂木、吉本氏らの助言者グループの論理はあまりに空疎です。考えてみれば故遠山啓氏の名言、「消防署を作ったから火事を出せの論理」である養護学校義務化と、それを具体的に打ち出した中教審答申のその部分を、「全障研運動の成果」として評価した彼らですから、臨教審に真っ向から立ち向かうのは基本的に無理なのも道理でしょう。むしろ第3次答申にちりばめられた「障害の早期発見、早期治療、教育、専門家の配置、障害の種類と程度に応じた適切な就学、医師や心理の専門家の活用、就学指導委員会・就学相談の充実、就学後の児童・生徒の発達や障害の正確な把握と適切な教育上の措置」などは、彼らにとってまさに「きれいな飾り文句」(茂木助言者)に思えることでしょう。おまけには第3次答申・概要報告その(4)ともに、「行き過ぎた統合教育が障害を有する者の真の健全な育成を阻害する」とまで言ってくれているのです。

発達保障論は、臨教審思想の補完物に陥ってしまっている

彼らは、「ちがう! 我々は同じコトバでも民主的・科学的にやろうとしているのだ。」あるいは「コトバは同じでも中味がちがう。臨教審は古い発達観に立った特殊教育の発想であり、適応主義そのものだ」と主張するでしょう。前者であればそれは、「科学的民主的能力主義、差別・選別主義」に他なりませんし、後者であれば、この教研を通じて言い続けられてきた発達保障論の方々の主張や実践を見れば一目瞭然です。

発達保障論そのものが、適応主義・能力主義そのものだからです。発達保障論が、結局は適応主義であり、臨教審思想の補完に陥っている「障害」者の自立と解放に寄与していないということは、冒頭の「障害」者の言葉に端的に示されているではありませんか。

コトバは同じでも

理論的にも、実践的にも、限りなく臨教審路線に近づいてしまっている彼らは、苦しまぎれに私たちが大切にしてきたコトバを盛んに利用し始めています。云く「子どもに学ぶ」「ともに生きる」「生きる力を」「地域」等々です。しかし、コトバを変えようが、「障害」児と「健常」児を分けることが全ての前提となるようでは、何も基本的には変わっていません。むしろ今回の教研ではよけいにひどくなっているのではないでしょうか?

彼らの主張はどうやら、①「学校は学力保障の場であり、生きるための基礎学力保障の場である。そのためには地域を離れても養護学校へ行くことが必要である」②「地域の学校ではいじめられたり、逆に甘やかされてかわいそうだ。いじめのない養護学校で手厚い教育を」③「いのちを守るためには、たとえ地域を離れても養護学校で医療と療育を」ぐらいにしぼられてきそうです。

しかし①については、子どもたちにとって学校が単に「お勉強」だけの場所ではなく、とりわけ「障害」児にとっては多くの友だち（それはまた、彼らにとって〝生きる力〟のひとつでもあります）と、関係を切り結ぶ生活の場そのものであることは、深く彼らとつき合っているものにとっては当然すぎる事実です。むしろ、学校が「学力」を強調すればする程、「障害」児をはじめ、現行の学校教育体制に適応できない子どもたちが地域の学校からしめ出され、養護学校へ囲い込まれ続けてきたのが、これまでの排除と隔離の歴史ではありませんか。どこに自ら隔離の場を選ぶ子どもがいるでしょうか！

②についても、いじめから逃げ出し囲い込むことでは問題はいかほども解決しないことは、鹿川君の悲しい例を見るまでもなく明らかです。「いじめ」を生み出し、「障害」者を排除する学校や地域を変革していくことこそが、「障害者の権利」を掲げる私たちの仕事なのではないでしょうか。そういう〝地域〟への働きかけを一切放棄し、養護学校の周辺地域のみの民主化を得々として語るなどは、どう考えても納得がいきません。

③について、私たちの経験では殆ど全ての場合、地域や仲間と切りはなされず、皆の中で共に生きる「障害」児こそいきいきと輝いて生きています。重篤な病いや「障害」を持つ人たちこそ、その生命力を高めいのちを輝かすためにも、地域へ、皆のもとへ戻すべきです。どこに、仲間や肉親から引き離され、さびしく孤独に生命を終えることを望む者がいるでしょうか?必要ならばそれだけの手だてを施し、皆のもとへ帰すことを保障させることこそが「いのちの保障」でなければなりません。泪を流すなら、健康なまま、あるいは病を負って、地域や仲間から遠く離れ隔離された山奥の施設や病院、養護学校で亡くなっていった多くの「障害」者の無念にこそ、泪してほしいものです。

いずれにせよ、とりあえずは「障害」者と「健常」者をわけることを前提とした議論をやめようではありませんか。「だれもがいきいき生きる学校にするために、学校に子どもを合わせるのではなく、子どもに学校を合わせよう。地域に開いた学校と、民主的な地域作りを！」という立派なスローガンを、与謝の海養護をはじめとする養護学校のみでなく、地域の学校全てのめあてにしようではありませんか。そこからこそ13分科会の前進はあるのであり、〝共通の敵〟に対して真に連帯して斗い始められるのではないでしょうか。今一度、冒頭の「障害」者の言葉をかみしめつつ、「日教組教育改革研究委員会第一次報告」の提起を確認しましょう。
そして、「障害児教育の充実・発展を！」ではなく、教育総体の改革をもとめてさらに一層の前進をはかろうではありませんか!!
1987年5月10日
第36次東京教研「共に生きる教育」をめざす参加者一同

これは、分科会が終わった後、現地の仲間の協力を得て印刷して作ったものです。毎年同じような方法で、教研の最終日の全体会場で手渡しで配りました。集会では主催者の了解を得たものしか配れないことになっていますので、教文担当者は仕事として〝配るな〟と注意しながら見逃したりしてくれ、それを繰り返して次の年に繋いでいきました。

全国教研に出されるレポートは、ある程度は支部や県で、検討した結果持ってくるわけです。それならばそのレポートを全国教研でどういう評価や批判を受けたかを報告をし、検討を加えなければいけないのですが、県によってはまた同じことが繰り返されるのです。

資料18 「もうひとつの教研」（北村小夜）

日教組の教研集会が、ジュラルミンの楯に守られるようになって久しい。機動隊の背中をみるということは、市民の感覚として落ち着かないものだが、今年の大会はとくにひどかった。全体会場となった水戸市の笠松運動公園体育館では、茨教組の組合員が周辺をたえず巡視していた。会場のまわりは有刺鉄線がはりめぐらされ、その外側には巨大なテトラポットの列、さらにその外側には古電柱を三本ずつ束ねたバリケードが築かれ、それを機動隊員が数メートルおきに取り巻くというものものしさだった。

そうした光景を見ながら、もうこれは右翼から守られているのではなく、教研集会が地域や市民から隔てられてしまっているのではないか、という印象が拭いがたかった。

そういえば、教研集会の初日の一月二六日、地元紙『いはらき』の〝いはらき漫評〟は傑作だった。巨大なテトラポットに守られた教研集会の会場を蟻のように小さな人間が見上げている図に、「静かな環境づくり――やっぱり先生は特別待遇だな」という説明が加えられていたが、市民の目に映った教研集会の様子が的確に表現されているように思われた。

今回の茨城教研は、中教審路線に沿った差別・選別教育の総仕上げともいうべき養護学校義務化を目前に控えるという重要な時期に当たっていた。しかし、日教組は養護学校義務化の本質を明らかにすることもせず、基本的には文部省の方針を認める形で、就学指導委員会の運営や、強制就学に対して、若干の手直しを要求するにとどまり、その結果、地域の学校で普通児も「障害」児も共に学び合うことをめざして闘っている多くの父母を孤立させ、黙殺してしまっている。

こうした姿勢に対する批判が集中したのが、「障害児教育」分科会だった。東京都の教研集会で強引に提出権を獲得したあるレポーターは、都の教研集会では触れなかった「重度障害児の就学問題」を、報告に盛り込んだ。これは、施設から普通中学校への就学闘争に取り組んでいる福祉施設の職員たちの運動を誹謗中傷したものだが、その中身はといえば、昨年の教研集会の「人権部会」に提出した文章ほとんどそのままというお粗末なしろものだった。

報告によれば、東京都渋谷区のある施設に在園していた重度障害児のM子さんは、中学校就学に際し、普通学級に入れようという一部職員の誤った運動の犠牲になり、不就学のまま最終的には両親のもとに引き取られ、「在宅」という結末になった、という。

たしかに、M子さんは一度は自宅に引き取られたが、今では「やっぱり普通学級に進みたい」と考えて再び園に戻り、地域の学校に自主登校を続けているのである。「障害」児は常に受動的にしか生きられない、という偏見を持つ人たちには、M子さんのような積極的な行動は想像の範囲外なのだろう。

それにしても、当事者のM子さんに会うこともなく、実情も知らぬまま、まとめられた報告がまかり通るようでは、教研集会も〝重症〟といわなければならない。さらに、報告の誤りを指摘するために発言を求めた同施設の職員に対して、司会者は、「傍聴者だから……」と発言を封じようとさえしたのである。

また、東京都足立区で地域の学校への転校を求める運動を続けている金井康治君の母親が発言しようとした時、口を開けば「父母との連帯」を唱える〝民主的な教師たちがそれを妨害したのには唖然とさせられた。ある新聞は、この日の「障害児教育」分科会の模様を〝混乱〟と伝えたが、混乱によってかろうじて教研の質は保たれたのである。

分科会の興奮がさめない同日夜、自主教研が開かれた。このもう一つの教研は、日教組が、教育課程の自主編成を唱え、差別・選別に反対し、一人の落ちこぼれも出さない教育をめざすといいながら、「伝習館」をはじめ数多くの個別闘争を切り捨ててきたことに対し、伝習館を支援する仲間たちが、一九七二年の山梨教研から、教研の現地で、細々と、しかし粘り強く続けてきたものである。

今回の自主研では、養護学校義務化問題をテーマとした。篠原睦治氏（和光大）の、養護学校義務化の問題点の指摘に始まり、全国各地から、義務化阻止闘争や、すべての子どもが育ちあう地域の学校づくりの取り組みが報告された。伝習館の現地である福岡県柳川市の柳下村塾託児所からの参加もあり、共に学び合う取り組みが報告された。

昼間の分科会では、仁王のように司会者の前に立ちはだかった人々も、やさしい顔をして集まってきて、教研が本来の役割を果たすようになるまでがんばろうと、決意を固めあった。重症の教研を救うためには、自主研を積み重ねつつ、教研にも積極的に参加し、その質を中から変えていくほかなさそうだ。

（『朝日ジャーナル』一九七九年三月九日号）

変われないことと、変わること

障害児教育分科会は、結局、全教の人たちが出て行くまでは全面的な変革はできませんでした。県や支部で、「共に学ぶ」という視点があったところは変わっていき、人が育ってはいたのですが。

対立するばかりのなかで、発達保障論の人が、施設でこれこれの付き合いをしたので、初めてその子に笑顔が見えたなどと言うと、共に学ぶことをめざす仲間や障害者から「余計なことをしなければ、うれしければ自分で笑うぞー」などという迫力のあるヤジが飛んだりして、騒然としているように見えるなかで論議は深まって行きました。発達保障論の人たちは、自分の実践がどんなに値打ちがあるのかということを言いたいらしく、自分の受け持っている子どもは、あれもできない、これもできない最重度の子どもで……、と強調するのです。自分の功績を言うために、対象を「最重度の子ども」にしてしまうので我慢ができず、思わずヤジってしまうのです。

今は、日教組から全教の人たちがいなくなったのだから、教研に出されるのは全部「共に学ぶ」視点のレポートになるはずなのですが、ところがそうでないものも出てきます。行政と一体の県のレポートには、共同研究者に分離教育を進めている県教委の人の名前が出てきたりします。うちの学級ではクリスマス近くになったら作業実習でローソクを作って、地域にある老人施設に持っていって喜ばれています。などという報告に対しては、つい全教の人たちに対して言ったようなことを言いたくなります。

第五十一次の宮崎教研（二〇〇二年）のときでしたが、「確かに『共に学ぶ』は、いいです。でもそこまでいけなくて私が面倒を見なければ、普通学級で学ぶのは無理です。私が力をつけて、送りたいのです。ここで手放しなさいと言うのは無理です。溺れそうな子どもが私の裾をつかんでいます。溺れさせることはできません。とても離せません」と言うのです。で、途端に「離してみなよ、自分で泳ぐから」という声がかかります。本当にそうだと思うのです。問題の本質が県教研レベルで討議されていないのです。障害児教育の目標がずっと、個人のレベルをどう高めるかであって、関係をどう変えていくかではなかったのです。私がこうしたらこうなった、という話で、その時、重度比べというのがあるのです。

全体で取り組もうとしたとき、障害児教育分科会はたいしたものだと思うのです。各県の代表として教研の場に来たのだから、発言を保障しろという各県の要望がありますが、そういう手法をとりませんでした。同じ発言を繰り返さない、モノを言わなくても深く討論できたのに、このところ、県の代表だから発言しなければいけないと、発言保障の確約が求められ、今までつくってきたものが、壊れそうで心配です。

レポート検討会を経て変わったこと

教研の課題はレポート検討会でほぼでき上がっていました。

全教の人たちがいなくなってからは懇親会のようになりましたが、そもそもは、共に学ぶことをめざす司会者、共同研究者、それに社会党党員協、土曜協議会のメンバー等が協力して、事前に丁寧に全レポートを検討し、発達保障論の論調にどこでどのレポーターを立ててどう切り込んでいくか、きちんと戦術を組むのが対策会議でした。ですが、少なくとも全教の人たちがいなくなってから、私が共同研究者をやるようになった頃からは、教研が終わって分かれるときにはこの課題が残っていたということを確認する場になっていました。

今、教研は、みんな仲間になった分、本質的な論議がしやすくなったはずですが、かえってラジカルにものを言いにくくなり、やりにくくなった感があります。ここ何年かは、レポートは事前に障害児学校部長さんが職務のように読んで下さっているようです。目くじら立てて読まなければならないようなレポートもないのでしょうが、共同研究者も含めて夜を徹して読んだ時期の緊張感は、よくも悪くもなくなりました。

運動と実践

レポートの中身の話になると、それを実践する条件みたいなものが必要になります。運動と実践は切っても切れないはずなのに、それが別物だとこれは大変なことです。今、日教組にもの申す手段みたいなものがないなかで、運動だの実践だのというまでもなく、論文として、教文関係者や共同研究者をうならせるようなレポート、実践が出てこないという状況があるように思います。非常に優れた実践というのは、過去にはいくつもあったと思います。レポートの質、すなわち実践の質そのものが落ちているというのではなく、現場が優れた実践をしにくい環境になってきているのではないでしょうか。

毎年のレポーターの実践の中に優れたものがあっても、広く継承されることがないことに危機感をもった私は、「共に学ぶ」実践に学びたいという声に応えて、一九九七年、『地域の学校で共に学ぶ――小・中・高校、養護学校　教師の実践』（現代書館刊）を編みました。九三から九六年の『日本の教育』（日教組教研に出されたレポートの中から代表的なものが納められている）に収録された中から、「共に学ぶ」実践記録を選んで執筆者に加除訂正してもらったものを集めたものです。

小・中・高校、養護学校それぞれの取り組みがありますが、とりわけ点数の取れないダウン症のＭくんを受け入れた福岡県立八女農業高校の安部宜人《のぶと》さんの実践に注目していただきたいと思います。そもそも本人・保護者の「高校に行きたい」という願いを実現させようと力を尽くした同級生、中学校の教職員、地区に結成された「高校進学を考える会」等の支援運動に支えられて推薦入試に臨み、合格したという前提があってのことです。入学したMくんの担任として、英語教師として安部さんがどう付き合ったかということですが、決してスムーズではありません。

初めに、運動で入った障害児ということで生徒間にもあった構えや戸惑いや不安は、一緒に過ごすなかで次第に消えていきます。「障害者M」から「級友M」への関係の変容と深まりは、障害児の高校進学問題に確かな展望を与えてくれるものでした。したがって、問題は教員がこの一緒に学ぶをどう「評価」するかだと思うのですが、それが大きな難関です。学年末が近づくと、単位制度のなかで、クラスは一・二学期とは違ったピリピリした余裕のない雰囲気になり、進級判定会議では「教務規定」に従い留年になります。留年によるMくんの受けたショックは大きく、この時期の彼の姿を安部さんは、痛々しく正視できないほどだったと言っています。校長の「留年の申し渡し」に「高校二年です」と答えたMくんは、始業式の直前、新二年のクラスに入りましたが、教務主任に連れ出され新一年クラスに強制移動させられます。この時期、Mくんは学校や自宅で髪の毛を抜き、頭の地肌が露出し血がにじんでいました。その頃になってようやく、全職員でMくんの指導に当たることが協議され、指導内容は「教科学習に限定せず、〝Mくんを知る〟に力点を置く」とされました。この年、学年末の再考査が終わった段階で未修得科目があり「教務規定」に従えば「留年」ですが、進級しました。実質的に教務規定が改訂されたのです。それでもMくんは二年生でも留年し、高校の課程を終えるのに五年を要しました。

その間、八女農業高校では「評価」のあり方は揺れながらも、あくまで二つの「教務規定」をつくらずMくんの「評価」を行ってきました。安部さんはこれは譲れない原則であると言い、続けて「『単位認定はできないが所属学年は変えずそのままあげる』という考え方（生活進級）は、特に進級が困難視される局面で一定のリアリティをもつ『打開』策として登場するのだけれど、これは『評価』のあり方を変えることなく『障害』者を単位認定制度の枠外に置く『特別扱い』である。〈適格主義〉

に冒された高校の教員にとって、『評価―単位認定の対象でなくなった』〈生徒〉はもはや〈生徒〉ではなく、他の生徒にとっても自らと同一線上にある〈生徒〉ではない。〈一緒に学ぶ〉のであれば〈一緒に評価する〉ことが求められているのだ」と述べています。

日教組が提唱している希望者全員入学は、このような実践を深めていくところからこそ実現可能でしょうが、「適格主義」に冒され切った全国の多くの高校で「定員内不合格」が公然と行われています。

それでも地域の共に学ぶ取り組みに押されて、点数の取れない障害者の進学も徐々に実現しています。そんなある某県立高校で、最近、どうしても「1」にしかならない○○さんに対する評価を、無遅刻、無欠席でがんばっているのだから「3」から始めようという案が出てきました。支援の仲間の中からは「ありがたいことだ」という声もありますが、保護者は「ほんとうの『3』にして下さい」と言っています。

資料19　「障害児教育にたいする日教組のかかわり」（北村小夜）

障害児の記録

障害児の教育にかかわる日教組のとりくみは一九八〇年にいたるまで一貫して養護学校・特殊学級の増設が最も大きな目標であった。

つぎに掲げるのは一九七六年度の日教組運動方針の関係部分である。

6　障害者教育を積極的に推進します。

（1）すべての障害児の教育権の保障をめざして教育運動をすすめます。そのためにとくに障害児学級、養護学校を民主的に増設する運動をすすめ、「就学義務の猶予・免除」をなくす運動と結合して、義務年限をこえる子どもたちを含むすべての障害児の就学を七九年度をまつことなく実現をはかります。また、障害児の発達を保障する教育実践を教育予算獲得の運動と結合してすすめます。

（2）障害児の差別選別に利用されている「判別委員会」をあらため、障害児が障害をうけていることによっておこる一切の発達障害をのりこえていくための教育の場をどう求めるか、適切な就学保障を援助する民主的かつ専門的な委員会を構成するよう運動をすすめます。

（３）従来の就学義務の猶予・免除を条件にした「訪問教師」制度を改め、学籍を与えるとともに、入院加療や自宅療養中の障害児にも具体的な教育が保障される訪問教育を確立します。

（４）障害児の教育研究をすすめるなかで、療育の自主的民主的改善を重視して取り組みます。

また、障害児の後期中等教育および大学教育における差別をなくし、進学の門戸を開放する運動をすすめます。

と教育権の獲得を掲げているが、遅れた子や障害をもった子が、学校にはいれないのは、養護学校や特殊学級がないからではなかった。地域の学校が拒否や排除をするからであった。そもそもそのことを問題にしないで、障害児のはいれる養護学校や特殊学級づくりをめざしてきたことが日教組の障害児の教育に関する方針がまわり道をする大きな原因であった。

当時はすでに一九七四年から、文部省の養護学校の義務制実施の先導としての「全員就学」が東京でおこなわれており、多くの人たちが、子どもをわけることの誤りを指摘し、〝どの子も地域の学校へ〟という合言葉で、地域の学校で共に学ぶ教育をめざす運動が高まっていた。もちろん運動方針はそのことを知らずにつくられたのではない。だから〝養護学校増設〟の間に「民主的」を入れ、文部省のふりわけに迎合するものでないことをしめしたのであろう。

しかし、たとえ親や子どもの要求に応じてつくられたとしても、養護学校や特殊学級はいったんつくられてしまうと、必ず望まないにもかかわらずはいらなければならない子どもが出てくる。そしてそれが障害をもった子や遅れた子のためという名目である以上、義務制でなくても、障害をもつ子や遅れた子は、地域の普通学級にははいりにくくなるのは当然である。

事実、文部省が一斉学力テストを強行した頃から、特殊学級が差別と選別の切り捨て学級になっていることを、日教組の一九七一白書『日本の教育』は、差別教育の実態という項でのべている。また一九七二黒書『中教審路線と教育の実態』では、特殊学級の実態をつぎのようにのべている。

８　普通児を入れて「振興」する特殊学級（香川）

障害児教育について香川県は力を入れているといわれています。事実、特殊学級は昭和四四年五月現在、小学校二二一校中一七一校、中学校九三校中八七校合計三一四校中二五八校もあって、実に六校中五校がすくなくとも一学級はもっていることになっています。これはおそらく日本一の普及率でしょう。

ところがその特殊学級に入る子どもは「わたくしたちのききえた情報によりますと、学級のなかで、知能指数七五―一〇〇あたりの子どもが、その候補としてまず眼をむけられる、ないし学力テストの最低点をとった子どもが特殊学級入りをすすめられるということでした。さらに情緒不安定な子ども、どうかすると非行に走る子どもなども含まれるという具合であります。ですから、そこには、心身障害のため、普通学級に適さない者のための特殊学級ではなく、知能的に障害のない生徒や情緒障害者たちでの編成となっている現実が多い」という教師の研究報告もあるほどであります。

（愛媛・香川教育問題調査報告）

知能指数が障害児の判断の資料になることは否定できませんが、同時に知能指数が教育によって大きく動くものでそれで障害児を判定できないのも事実です。まして学力テストの成績で判定することは人権問題といわなければなりません。そのうえ昭和四五年度からの香川県教育委員会の「高等学校入学者選抜実施細目」は「内申書を選抜試験の成績と同等の比重で、重視するようになったいきさつがあり、特殊学級を含む各学年全員の名前と、それに応じた成績順位を内申書に貼付することが要求されます。いうまでもなく、特殊学級の生徒は、学級が別ですから共通のテストを受けることもしないのですが、十段階評価の一を与えられ、普通学級の生徒はそれを踏み台にして、より高い評価点で配列されることになるのであります。」（前掲）

ということになると、それは差別そのものといわなければなりません。

「次に特殊学級の担任教師の問題ですが、これも特殊教育についての訓練をうけている人は比較的少なく、中には他都市等から転任してきた若い教師に一年契約で『とにかく一年しんぼうしてくれ』と依頼したり『学校の最年長の女子教員に、因果を含めて担任さす』というばあいもあるといわれています。ですから、まじめに努力し、しんけんに精進しておられる先生もむろんおられますが、一日も早くともかく責をおえたいと考えている教師や、普通の生徒より幾分程度を下げた教材と教授法で、まずまずの務めを果しながら、機会をみて普通学級の担任に帰りたいと考えている教師もあるといった具合です。学級担任の平均担任年数が一年十カ月という統計があるのも（一〇年以上勤務者一一人を含んで）この辺の事情を反映してのことであろうかと思われます」（前掲）

　ということになれば、香川の特殊学級の増設は、多くの問題をはらむものといわなければなりません。文部省の方針にそったこの香川の「障害児教育重視」のなかに、中教審答申をうけた文部省の十カ年計画の片鱗をみるのは思いすごしとはいえないと思います。

積極的に〝特殊〟を支えた日教組

　同様のことは程度の差こそあれ、全国各地にあったし、偏見や誤認もふくめて、今日もあり続けている。ここでは主として、特殊学級への措置のしかたや教育内容や教員の問題があげられているが、そのような問題がおこるのは、特殊学級の存在そのものが問題であるからである。

　当面養護学校や特殊学級を希望する親や子どもも、地域の学校が暖《ママ》く迎えてくれれば、地域の学校を希望するのは当然である。そして、どの親子も、教育が遅れた子や障害をもつ子にも行き届くことを望んでおり、普通教育と別枠の障害児教育の振興など期待してはいない。

　このような報告があいつぐなか、日教組は、一九七七年運動方針に、さきに掲げた前年度運動方針に（3）として現実に差別と選別の切り捨て学級にされている多くの「特殊学級」を改善し、問題行動児や学習不振児は積極的に普通学級にもどす運動をすすめます。

を挿入し（3）を（4）に、（4）を（5）にした。

　この時、なぜ差別と選別の切り捨て学級になるのかということを深く考えれば、当然その存在が問題になり、方針は全面的にかきかえられたであろうが、ほかはまったくそのままで（3）を挿入しただけであった。

　そのあたりのことは、さきにものべた一九七一白書『日本の教育』のなかに特殊学級の増設の必要をのべたあと、「日教組は特殊学級は未来永遠に必要な教育機関と考えていません。普通学級定数が改善され、集団主義教育が保障されるまで、ちえおくれ障害をうけている子どもの学習権を保障し発達をかちとるために『当面のとりで』として考えています。したがって、選別・差別のための特殊学級はこれをつぶし、真にちえおくれ障害児のための特殊学級を積極的に増設する運動をつづけます。」と書いている矛盾だらけの論理と一貫するのであろう。

　さて、共通一次と相俟って、子どもをたて一列に並べるものとして悪名高い養護学校義務制実施を目前に控えてた一九七八年になっても、運動方針は、前年度の方針の前に、（1）教育制度検討委員会の基本原則（発達保障・無差別平等・総合保障）の学習運動をすすめ、障害児教育の統一的発展に努力すること。（2）国および自治体の養護学校設置義務と、学校選抜については第一次的に保護者の希望優先を加えただけで、積極的に義務制を支えてきた。

　この方針は、地域の学校で、障害をもつ子や遅れた子をひきうけながら、共に学ぶとりくみをすすめる日教組組合員や、障害者団体や、共に学ぶ運動をすすめる各地のグループなどの批判をあびながら一九八〇年まで続いた。

　要約すれば、障害児は養護学校で発達させるという長年にわたる日教組のこの方針のため、共に学ぶとりくみをすすめる教師は過激派よばわりをされなければならなかったし、障害があっても地域の学校をめざす親子はきびしい闘いを余儀なくされてきた。その筆頭は金井康治君であろう。金井君の場合、障害児は養護学校へというキャンペーンにさそわれていったん養護学校に就学したため、闘いはいっそうきびしかった。就学を前にした弟の「僕も養護学校にいくのか」という問いに答えられなかった母親は、兄弟いっしょに地域の学校にいくことを始めた。地域の学校にいくことは誰よりも康治君の希望であった。

　金井康治君は一九八三年四月足立区立花畑北中学校に入学したが、それが実現するには一九七七年八月足立区教委に花畑東小学校に転校希望を出してから、なんと六年の歳月を要している。しかも第一次的な希望であった花畑東小学校転校はついに実現しなかったのである。

　この六年間の金井君の闘い相手は主として日教組組合員である花畑東小の教師であり、彼らが所属する都教組足立支部であった。

　足立だけではない、全国各地に、教育委員会のふりわけに抗して地域の学校をめざす親子が続々とあらわれたが、運動方針にいうところの〝発達保障〟を唱える教師たちは、あえて排除の姿勢をくずさなかった。従って例外なく親子はきびしい闘いを強いられた。

　ふりわけが強引であればあるほど、闘いはおこった。そして養護学校義務制が、地域の学校の序列や排除を支えるものであることも衆知のもとになってきた。つくりすぎた養護学校に生徒が集まらないところもでてきた。一方地域の学校では、障害をもった子もあたりまえのこととしてひきうけ共に学ぶことをめざす教師もふえてきた。この期に及び、国際障害者年を迎えて、運動方針は大きく転換した一九八一年のことである。

これは一九八一年度とほぼ同趣旨の一九八二年度運動方針の関係部分である。

3　一九八一年の「国際障害者年」につづく十年が障害者の「完全参加と平等」をめざす、幅広い運動に発展するよう努力します。

（1）　政府の「障害者対策に関する長期計画」の練り直しを要求し、完全参加と平等の実現をめざしてとりくみます。

（2）　すべての障害者の発達権、学習権を保障するため

イ「養護学校の義務化」以降の実態と成果および問題点を洗い出し、問題点については解決にむけてとりくみます。

ロ　障害の予防、早期の発見、治療、早期の保育、教育の充実を要求して運動をすすめます。

ハ　差別・選別に利用されている「就学指導委員会」「就学時健康診断」を改めさせ、障害児学校・障害児学級での教育を充実させるとともに、「機械的な分離でなく適切な統合を」の方向にそって、可能なかぎり健常児たちとの「共同教育」をおしすすめます。

ニ　障害者に後期中等教育の機会の拡大をはかり、大学教育においても差別をなくし、進学の門戸を開放する運動をすすめます。

（3）　障害児教育の民主的現職教育の強化を要求して運動をすすめます。

（4）　障害児・者の学校卒業後の労働権を保障し、社会的完全参加をかちとる運動を強化します。

（5）　学校・公共施設など障害児・者が利用できる施設、設備を改善させる運動をすすめます。

一読して、まだ「発達保障」が根強く残っており、問題点を指摘される向きもあろうが、養護学校や特殊学級の増設にかかわる部分を一切削除したこと、また養護学校義務化の問題点のあらい出しをよびかけたことは、当然といえば当然であるが一九八〇年までと比べれば画期的なことである。

一九八一年は国際障害者年であった。その年の六月の

『教育評論』（日教組機関誌）臨時増刊は、第二二四回日教組文学賞特集として入選作品を掲載した。

小説部門の一位は『シゲ空を飛ぶ日』という、地域の学校で障害児と出会った若い教師が、その子とのかかわりのなかでかわっていく過程をかいた作品が選ばれた。作者は大阪市教組東南支部青年部の活動家でもある向井功さんである。

完ぺきではないといいながらこの作品を強くおしている選者の一人灰谷健次郎さんは「教師が未熟な人間としてそこから手さぐりをしながらおのれを高めていこうとするものがある」といっているが、やはり選者の間にテーマの重要さがあったことはいなめない。

組織が大きく小まわりのきかない日教組が軌道を修正するのはたいへんなことである。

全員就学や養護学校義務化がもたらした普通教育の選別の激化のなかで、鳴り物入りで迎えた国際障害者年はいろいろな批判はあるにしても、多くの人の障害者にたいする関心を呼んだことは事実である。さまざまのとりくみと相俟ってのことであるが、日教組のなかでも、この時期急速に障害児の問題が論議されるようになり、運動方針にも反映していった。

しかしなぜこれだけの転換をするのにこんなに長い歳月を要したのであろうか。最大の原因は、日教組本部の業務分担の段階で、障害児教育は、盲・ろう・養護学校の教師で構成する障害児学校部の担当にしてきたことである。

――これは〝障害児は養護学校へ〟と同じ論拠ではないか――そして運動方針の障害児教育の部分の起草も障害児学校部にまかせてきたという歴史があったからであろう。

障害児の教育は盲・ろう・養護学校だけではなく、広く地域の学校でもおこなわれている。たとえ盲・ろう・養護学校に就学している子どもたちの教育についても地域の学校との関係ぬきに考えられるものではない。にもかかわらず障害児学校部に運営を委ねてきた誤りは教育研究集会に最もよくみられる。しかも障害児学校部の役員のほとんどが全障研支援者で占められているからなおさらであるが。

日教組教育研究集会は各県段階の討論をへて選ばれたレポーターを中心におこなわれるところが、障害児教育分科会では、県段階ですでに全障研中心に運営されているところも多く、あらゆる手段を使ってレポーターになるや、他の意見はすべてきりすてて報告をする。だから、東京代表は全国的な注目を集めている金井康治君の問題にはあえてふれず、静岡代表も石川重朗君の盲学校から地域の学校への転校運動を無視し、奈良代表は梅谷尚司君を無視し、滋賀代表は、地域の学校で学び続けたいという止揚学園のとりくみを誹謗中傷する報告をしたりしてきた。

障害児教育分科会に提出されるレポートは一〇〇にも及ぶこともあるが、その内容は最近は養護学校等で、いかにこどもを発達させたかというものが多い。ところが発達を自分たちのとりくみの成果として報告するためには、それ以前、いかにその子が遅れていたかをのべなければならない。

一九八二年の広島教研でみると、

「全盲で発達年齢一―二カ月で……」

「医療を要する最重度の子どもで……」

「私のうけもっている子は普通の養護学校の子どもと違って……」など自分の担当の子どもの重度をきそいあうように前おきして、

「始めは、鬼ごっこのルールも知らなかった子がごっこ遊びをするなかで、心をひらき、意欲的な生活態度になった」などと結ぶのである。

障害児教育は、障害者の納得なしになりたつものではない。このような報告が続くなか、かろうじて発言の機会をえた一人の障害者は「なぜ健常者をモデルに発達しなければならないのか、この子はいまこれをやるべきだと一方的にきめるのは教師の思いあがりではないか、自分は養護学校で歩く訓練を集中的にうけたが、今考えるとそのために何もできなかったし、失ったものはあまりにも大きい」といった。これをうけて広島教研から新しく助言者団に加わられた石川憲彦さんは、

「教研集会に始めて参加したが、教育実践と称して、人間発達するときの因果関係をファクターぬきで、単純にむすびつけられるのに驚いた。多様なひろがりの可能性をもつものを、一点に整理しようとする意図が露骨にみられる。『自分は動けなくてもよかった』という障害者の声をどうきくのか」といましめられた。

こうして毎年くり返される教研集会に〝われわれをぬきにして障害児教育を語るな〟と、地域の学校で共に学ぶことをめざす障害者や親たちは、傍観という形で参加しては発言を求めてきた。発言が意図的に制限されたり、誤った報告がされた時は、時に応じて抗議をしたり、叫んだりしてきた。このような傾向が一九七七年浦和大会あたりから

盛んになってきたのは当然であるが、運営にあたる人びとは、不規則発言による混乱と称した。しかし考えてみれば、不規則発言による混乱によって、日教組教研障害児教育分科会の質は保たれてきたといえよう。

やむにやまれぬ思いで教研集会に参加してきた金井康治君の父親邦次さんはその印象をつぎのようにのべている。

〈教研集会〉

私が教研集会にはじめて参加させてもらったのは水戸で開かれた時（一九七九年一月）である。当時、康治の問題が養護学校で討論されていた。障害児教育分科会に出た私は、そこで教師と一口にいってもいろいろな人がいるなあとつくづく感じるとともに、これではいけない、親としてももっとしっかりしなければと思った。

康治のことを、女房が発言しようとしたら教師たちのものすごいヤジと怒号がとんできたのにはびっくりした。これが教師かと思うと、腹がたった。それでも、ようやく発言を認めさせて、女房が語しはじめた途端、机をたたいて日共系の教師たち（この時は、まだ日共系とは知らなかった）が「帰れ、帰れ」の合唱をしたのである。これが教師か！　私はこのようすを養護学校の親たちに見せたいくらいだった。

―中略―

何度か、そういう思いを経て今年（一九八一年）一月、代々木で行われた教研集会の時は「よし今日こそは」と意志を固め、私は家を出た。会場に入ってあたりを見まわすと、例の教師たちが会場の前の方を陣どっていた。私が先に発言をし、次に女房が発言することをあらかじめ打合せておいた。途中で、私が発言しようとすると、最後に時間を与えるという。私はその言を信じていたが、次々と発言する各県代表の報告を聞いているうちに果して私に順番が巡ってくるか危倶を抱いた。時間がもう、ほとんどなかったからである。そんな予感がした途端、司会者はもうまとめをしていた。「やられた！」私は司会者の方に歩み寄り、「議事進行に異議がある」と申したてた。すると腕章をつけた教師が私の腕をつかんで制止した。腹立たしく、くやしかった。日頃、教師は口ぐせのように「親の意見に耳を傾けよう」「親と一体になって教育を考えていこう」といっていたが、そんなことはまっかなウソであった。

司会者に話し合いを再度申し入れたが、裏から逃げるようにして去っていった。くやしさと悲しさと入り交った気持でその場にたっていたら、「また頑張ろう」と声をかけてくれた教師がいた。そのことばが今も耳の底に残って、忘れられない。

（創樹社刊　『康ちゃんの空』より）

教研集会については一九八二年広島集会から参加された石川憲彦さんについで、八三年岩手からは篠原睦治さんも助言者団に加わられた。司会者も幅広く選ばれるようになってきた。いくらか傍聴発言もしやすくなった。

しかし、私はなかなかあかるい展望をもつことができない。それは障害児教育分科会が続く限り、教師の手のうちで〝こう発達された〟という報告が主流を占めるだろうと思うからである。

障害児教育分科会以外の分科会にも、たくさん障害児もふくめた実践のレポートが提出されている。また教研集会には参加しないけれどもあたりまえに障害児をひきうけている教師もいる。そんな教師たちは子どもを障害児ときめて、その遅れやできなさを強調したりはしない。まして障害児教育をやっているという自覚などあるはずがない。そんな人たちといっしょに考えていくには私たちが障害児教育分科会にとじこもるのでなく、ことばの獲得の問題は国語分科会に、体の問題は体育にとおし、だしていくべきである。すなわちどこにでも障害者がいる。どこでも障害児のことが一人の子どもの問題として語られる。だから障害児教育分科会は必要なくなる。そんな教研集会にできないものだろうか。

教研集会だけのことではない。障害児の教育問題の解決は普通教育の解決なしにはあり得ない。

日教組が組織をあげてとりくみ、さらなる変革をとげることを組合の一人として期待する。

（中学特殊学級担任・東京都）

（『季刊福祉労働』十九号、一九八三年六月二十五日刊、現代書館）

五　特別支援教育をめぐって

特別支援教育をどう評価するか

障害をもちながら地域の普通学級に通っている子の親は、恐怖をもって〝特別支援教育の始まり〟を迎えました。障害児を普通学校へ・全国連絡会の世話人でもある私の所には、電話が鳴り続きました。曰く「先生が勉強してくる度に支援学級へ勧められます」、曰く「コーディネーターの先生にいじめられています」。先生にしてみれば、教えられたばかりのニーズに合った所を勧めているのですが、希望しないことを強いられるのですからいじめです。全校生徒に配られた教育相談のお知らせを見ても、わが子を普通学級から追い出すためかと怯える始末でした。無理もありません。大まかに言えば特別支援教育は、発展した特殊教育を土台にしたさらなる分離政策ですから。事実、急速に特別支援教育を受ける子が増えています。文部科学省（以下、文科省）は、それを「学校の特別支援教育体制が整ってきたことや、保護者の意識が変わり、必要な支援教育を受けさせたいという人が増えていること」などと成果のように言っていますが、そうでしょうか。

確かに子どもの障害を受容し、特別な指導を受けさせたいという保護者が増えていますが、その前に、診断概念が広がり、診断名を付けられる子が増えている（保護者もそれを望む傾向がある）。貧困も含め育児環境の悪化による子どもの成長が阻害されていることに加えて、学校の教師も含めて大人の懐が狭くなり、ちょっと変わっているだけで障害児にされたり、普通学級から排除される傾向があります。

私はとりあえず地域の子どもはすべて地域の学校に受

け入れるべきだと思っています。その中にはきっといろいろな手立てが必要な子がいます。必要なことを可能な限り皆の中でやればいいのです。地域の普通学級の中で行う手立てを特別支援教育などと言う必要はありません。普通教育を受けるための手立ては普通教育の領分です。普通教育の領分を広めればいいのです。かつて、程度に限界はありましたが、日本の教師はそのようにしてきました。

日教組はインクルーシヴ教育をめざし「特別支援教育」をインクルーシヴ教育に繋げる教育関係法の整備と条件整備を求めていくと言っていますが、はたして繋がり得るものでしょうか。特別支援教育に使いでのある所を探すのでなく、とらわれることなくそれぞれの地域でたゆみなく共に学ぶ取り組みを進めていくべきではないでしょうか。私たちの共に学ぶ取り組みが圧倒的に進んだとき、「特別支援教育」もインクルーシヴに機能するのではないでしょうか。

特別支援教育の影響は地域によって、またそれまでの取り組みによっても違います。前にも述べたことですが、同じ「共に学ぶ」ことをめざしても、東京は潔く素手でですが、大阪は行政を利用します。先年、大阪市教委の担当者が特殊学級の設置率が高いことを挙げて共に学ぶことが進んでいると誇らしげに話しているのを聞いて驚いたことがあります。東京なら「そんなに分けているのか」と言うところですが。

近年、後期中等教育のところで話題になっている大阪の別枠問題があります。二〇〇七年十月、枚方で行われた「北摂『障がい』のある子どもの高校進学を考える学習会」の案内をいただきました。見ると主催者は共に学ぶことをめざす「障がいのある子どもの教育を考える北摂の会」なのに、各教委の後援、講師には府教委の特別支援教育担当者の名もあります。東京では考えられないことです。金井、佐野さんを中心にした「障害児・者の高校進学を実現する連絡協議会」は普通の高校をめざすのだからあなたたちは関係ないと言って、特殊教育担当者に退席を求めるところから始まったのですから。しかも、内容に府教委による「知的障害生徒自立支援コース」の説明が挙げられています。後で聞くと、障害児でも高校に行けるのですか、という人で大盛況だったそうです。私たちは普通の高校と別枠の「知的障害生徒自立支援コース」は特別支援学級のようなもので分離の一つの形態だと思っていますから、これ以上普及させるわけにはいきません。そう思っていたら、十一月に豊中で同様の集会が開かれると聞き出かけました。

集会はやはり盛況でした。府教委の担当者は丁寧に知的障害者自立支援コースについて説明していました。参加者はみんなメモを取りながら熱心に聞いていましたが、説明が終わるや、「特別枠はうちの近くにはできないんですか」「もっと人数を増やせないのですか」という声が続きました。説明を聞くうち、とても高校は無理だと思っていた人たちも、「こんな高校なら」と思うようです。そんな声が出揃ったところに、普通高校を卒業したMさんとOさんが現れ、別枠でなく普通高校に行く途があること、普通こそなにものにも代えがたい値打ちがあることを語りました。私も便乗して「自立支援コースはどうみても特別支援学級です。高校も共に学ぶのがいいのなら毎日共に学ぶことを考えましょう」と発言しました。一部の人にしか通じなかったようですが。

自立支援コースで人集めをしておいて、普通高校に行こうと呼びかける主催者の魂胆、さすがです。学習会は果てしなく続くようです。

そのように大阪では、教組も含め多くが特別支援教育を大阪風に使えばいいと思っているようです。それをどう考えるのか。というのは大阪の場合、部落解放運動が長いこと築いてきた解放教育の学力保障の伝統があります。私たちは、学力は共に学ぶなかで獲得してこそ使いでがあると思っているのですが、先に「学力」を大事にするから、どうしても取り出しが出てくるし、分ける時間がたくさんあって、こんなに特別枠の高校が増えてくるのではないでしょうか。募集人員二八人に対して応募者九四人、六八人落ちているんです。私が、落ちた子の進学先は？　と聞くと、「養護学校に行きました」と言うのです。そうすると、この「自立支援コース」というような特別枠の高校を設けたことは、養護学校への誘導策ではないでしょうか。掲げた「自立支援コース」に入った子より養護学校に行った子のほうが多いのですから。私がそう言うと、係りの人は怒って「誘導策ではありません。その子のためです」と言います。それはあまりにもひどいと思います。この高校ならばと希望したのに、結果的に養護学校に行かされている人が圧倒的に多いのですから誘導策ですよ。

資料20　「障害児の高校進学　大阪の特別枠（自立支援コース）は共に学ぶへの途か？」（チラシ）

このところあらたに高校進学を目指す取組みが起こっています。宮崎（都城）では近藤知加子さんが慎太郎さんの高校進学を目指して実現する会を立ち挙げました。

茨城でも飯塚さんの進学実現をめざし実現する会で署名活動を始めました。

埼玉では吉井英樹さんが二浪にめげず今度こそはと頑張っています。

小中では共に学ぶが進みながら高校が開けない宮城では、高校の教員に障害児の受け入れを阻んでいる実態を聞く学習会を開きます。

一方、大阪では五年間の調査研究の結果を受けて〇六年度から幅を広げて公立高校に設置された知的障害生徒自立支援コースが本格実施をされています。それに刺激を受けてか高校進学の取組みが盛んです。しかし、その多くはさらに設置校を増やせという方向です。10・12に枚方で行われた集会の記録をみると「定員を増やせ」「設置校を増やせ」という声ばかりが残っています。私たちからみると自立支援コースは高校の特別支援学級（特殊学級の新しいよびかた）で、共に学ぶではなく分離コースです。

左の表は今年度の選抜状況です。一一校合わせて二八人の募集に対して、九四人が応募し二六人が合格しています。結果として六八人が不合格になり特別支援学校（養護学校）に行ったということです。これでは養護学校への誘導策ではありませんか。

ただし、大阪の場合学力保障を優先する解放教育を土台にしている風土の違いがあります。それでも府教委障害教育課指導主事有本昌剛さんの「大阪は小中学校の特別支援学級の設置率は九〇％（全国平均五〇％）で最も共に学ぶを実践している」には驚きました。東京の障害児の高校進学実現はこのような障害児教育担当を交渉相手から排除して高校教育課だけにするところから始まっています。

10・27豊中での集会ではやはり枚方と同様な発言がたくさんありましたが、赤坂はなさん、折田涼さんから普通の高校生になろうという呼び掛けがありました。次回12・15の集会はお二人の発言から始まるようです。

この特別枠を、多くの大阪の人たちは必要に応じて拡

平成19年度　知的障害生徒自立支援コース　入学者選抜結果

高　校　名	募集人員	志願者数			合格者数			倍率
		計	男	女	計	男	女	
大阪府立　園芸	3	7	6	1	3	3	0	2.33
大阪府立　阿武野	3	10	7	3	3	2	1	3.33
大阪府立　柴島	3	16	11	5	3	2	1	5.33
大阪府立　枚方なぎさ	2	9	5	4	2	1	1	4.50
大阪府立　八尾翠翔	2	7	6	1	2	1	1	3.50
大阪府立　西成	3	1	1	0	1	1	0	0.33
大阪府立　松原	3	9	7	2	3	2	1	3.00
大阪府立　堺東	2	16	15	1	2	2	0	8.00
大阪府立　貝塚	2	12	7	5	2	0	2	6.00
大阪市立　桜宮	3	5	3	2	3	1	2	1.67
大阪市立　東淀工業	2	2	1	1	2	1	1	1.00
総　　計	28	94	69	25	26	16	10	3.36

平成19年度　知的障害生徒自立支援コース　補充入学者選抜結果

学　校　名	募集人員	志願者数			合格者数			倍率
		計	男	女	計	男	女	
大阪府立　西成(補充)	2	3	3	0	2	2	0	1.50

平成19年度　大阪府立たまがわ高等支援学校入学者選抜結果

学　校　名	募集人員	志願者数			合格者数			倍率
		計	男	女	計	男	女	
ものづくり科 福祉・園芸科 流通サービス科	48	92	63	29	48	29	19	1.92
ものづくり科 (枚岡樟風高等学校内に設置している共生推進教室)	2	3	3	0	2	2	0	1.50

大していくことで評価しているので、教研集会でもずっと議論になってきました。後期中等教育の問題は、その不備ゆえに特別支援学校への就学が増えているという現実もあるように重要なことですが、なかなか中心課題になることはありませんでした。それに義務教育段階の実践が主になる教研の分科会では、進路と共に終わりのほうになり、もう参加者が少なくなり、東京と大阪がやり合っているのに、他の県の人はほとんどいないということもありました。いないということは、職場の状況が厳しく物理的にいられないということもあるでしょうが、関心がない、高校までは

考えられないというのが正直なところだと思います。

現場を見ると、日教組や総研（日教組のシンクタンクの国民教育文化総合研究所）が特別支援教育についてどういう方針を出すのだろうかと期待しているところがありました。二〇〇七から〇八年、各地域から講演などで呼ばれたら行くようにしていたのですが、「日教組はどうするんですか?」「日教組の方針は出ているんですか?」と、この問題についてずいぶん聞かれました。文科省の施策に納得がいかないから、日教組はどうなのだろうと考えるのだと思います。だから日教組は答えるべきです。本当は一人ひとりの教師・組合員の姿勢が問題で、共に学ぶ姿勢を貫いていれば何とか使えることもあるでしょうが、そのままに受け入れていれば分離に向かうことは明らかです。けれど、こちらのやりようによっては、こちら向きに機能する部分があります。埼玉県の東松山市のように、就学指導委員会をなくすことも今の教育体制下でできるのです。取り組み次第ではないでしょうかとを言いながら、内心、日教組がきちんと批判してくれるのを期待していたのです。

そこへ『特別支援教育からインクルーシブ教育へ――実践のための提案と指針』（二〇〇七年八月）が出ました。これは日教組障害児教育部をあげての労作で、特別支援教育が従来の特殊教育を継承発展させるものであることを押さえて、経過や資料・実践記録も整えてインクルーシヴ教育をめざそうと書かれています。しかし「実践のための提案と指針」と言いながら、頼りにするべき提案と指針が弱いのです。巻頭の森越委員長の「刊行にあたって」は連字符「-」で「実践が岐路を決める」となっています。実践次第で途が決まるというのです。もちろん、タイトルが「インクルーシヴ教育へ」ですから、共に学ぶことをきちんとやっていないと分離が進むぞという警告でもありましょうが。それにしてももっと迅速な対応が欲しかったように思います。

九三年に通級制度が導入されるときなどは、文部省の動きに素早く対応してきたように思います。九二年に『日教組新聞』の号外が出ています（資料21『日教組新聞』職場討論資料「通級学級に関する充実方策について（審議のまとめ）要旨」）。

文科省の「二十一世紀の特殊教育の在り方に関する調

(1) 1992年4月17日（金曜日）　日教組教育新聞　号外

日教組
教育新聞

職場討議資料

『通級』の制度化は新たな「障害児排除」「障害児探し」につながらないか

文部省、九三年度にも「通級」制度化の方針

軽度の障害児の教育方法を検討してきた文部省の調査研究協力者会議は三月三十日、既に全国各県で行われている「通級」による教育（普通学級に在籍しながら、養・訓など一部指導を「特殊学級」で受ける教育の形態、現在の児童生徒数は全国で約一万三千人）を「制度として認可し、担当教員を配置する」ことなどを求める最終報告を文部省に提出しました（要旨は裏面参照）。文部省はこれを受けて、一九九二年度に全国の小・中学校百六十八校を指定し、専任教員を配置して研究をすすめ、九三年度にも「通級」制度を正規にスタートさせる予定です。

「通級」の制度化は、これまで各県の運用として、主として「特殊学級」のサービスとして実施されてきた「通級」を正規の制度として認可し、「別枠での独立した通級学級の設置」や「担当教員の配置」などをはかるものであり、一定の前進ととらえられる面があります。しかし、このことは一方で、新たな「障害児の排除」と「障害児探し」につながる危険性をもはらんでいることは否定できません。わたしたちは、全ての子どもたちへの「普通学級での教育の保障」を基本理念として、「通級」の制度化が、新たな「障害児の排除」や「障害児探し」など、能力主義による差別・分断をより助長することにならないよう具体的なとりくみをすすめなければなりません。

わたしたちは、教育現場にこれ以上、能力主義による差別・分断を持ち込ませてはならないことを確認するとともに、世界的な流れとなっているノーマライゼーションの理念を基本として、普通教育と障害児教育のあり方を検証するとりくみを強化する必要があります（六月四日に開催予定の障害児学級代表者会議にご意見をお寄せください）。

◇貫かれている能力主義
――「精神薄弱」を除外

協力者会議の報告は、一貫して能力主義に貫かれているといえますが、特にそれは「精神薄弱」について、精神発達の遅れやその特性から、小集団での発達段階に応じた教育課程・指導法が効果的であると断定して、「固定式の特殊学級が適切」とされていることに表われています。

さらに報告は、新しい制度である「通級」の周知徹底と、対象児の早期発見・保護者への就学指導が不可欠としていますが、その場合「特殊学級での指導が適切」なものを安易に「通級」の対象としないよう、留意をうながしています。

これは、現に各地ですすめられてきた実情に応じた多様な通級学級のあり方に枠をはめることになりかねません。

◇排除・差別につながる
「通級」の安易な利用

「通級」の制度化によって、これまで普通学級で教育を受けてきた障害をもつ子どもたちが、安易に「通級」の対象とされるようなことがあってはなりません。

「通級」の対象とするか否かは、あくまで子どもとその保護者の希望によるべきで、「子どものために」という名のもとに教える側の都合で「通級」へ追い込むような排除が行われるとすれば、それは差別といわねばなりません。

協力者会議も、通常の学級の中の「特別な援助を必要としている」児童生徒の存在に言及していますが、しかし、「まず、通常の学級の中で指導上の配慮・工夫など個に応じた指導が行われることが望ましい」と述べています。

「援助を必要としている」児童生徒を安易に「通級」へと結び付けるのでなく、必要に応じた教職員の配置など、普通学級での教育保障の方策をまず講ずるべきです。

◇懸念される「人権侵害」
――「新たな障害児探し」

「学習障害児」については、その対象を特定することは困難としながらも、「学習障害児」「境界線児」などが特別な援助を必要としており、通常の学級での指導上の大きな問題となっているとし、通常の学級での指導上の配慮や工夫によっても十分な教育効果が期待できないような場合に、「通級」による指導が有力な方策の一つになり得ると述べています。

「定義」も「判定基準」も不明確で、医学的にもその対象を特定することができない、実態のない「学習障害児」や「境界線児」を特別の指導の対象とすることは、普通学級での「新たな障害児探し」と「排除」につながることが懸念され、重大な人権侵害のおそれも否定できず、ますます能力主義による分離・排除を助長することになります。

◇ノーマライゼーションの実現へ向けて
――「共生」の日常化を

地域社会で国際障害者年の理念であるノーマライゼーションを実現するためには、学校の中でも「共生・共学」が日常的に展開されていく必要があります。

私たちが「能力主義に貫かれた学校」そのものへの反省に立たず、教育効率を追い求めて普通学級から、「手のかかる子」「遅れている子」を、「学習障害児」「境界線児」などと名付けて排除していくならば、このノーマライゼーションの実現など望むべくもありません。

普通学級を均質化するのでなく、異質な個性の集合体ととらえ、学級の子どもは学級で支え合っていくことを基本とするとりくみを、すすめることが必要です。

1992年4月17日（金曜日）　日教組教育新聞　号外（2）

◇資　料◇

「通級学級に関する充実方策について（審議のまとめ）」要旨（文責・日教組障害児教育部）

文部省調査研究協力者会議

1、「通級学級」に関する基本的考え方

ア、概念の規定（通級）

①各教科等の授業を主として「通常の学級」で受けながら心身の障害の状態等に応じた特別な指導を「特殊学級」で受ける教育の形態。

イ、対象となる児童生徒

①通常の学級において学習するのが適切であるが、一部特別な指導を行うことが必要な者。

②障害の種類としては、言語障害難聴、情緒障害、肢体不自由、病弱、身体虚弱等が考えられる。

③精神薄弱については、精神発達の遅れやその特性から、小集団での発達段階に応じた教育課程・指導法が効果的であり、特殊学級で固定式により指導することが適切。

ウ、指導の内容方法

①心身の障害の状態を改善・克服することを主たる目的とした特別な指導が中心となるが、教科指導を補充的に行うことも考えられる。

②指導の時間については一律に基準を示すことは困難であるが、実態に応じて適切に指導。

エ、教育課程上の位置付け

①通級による指導の時間についても教育課程上の位置付けを明確にし、放課後等に通級する場合も教育課程の一部として取扱う。

オ、指導要録の整備

①指導要録の中に通級による指導の記録を記載し、通級学級にも指導の記録を作成・保管する。

カ、指導体制の取扱い

①在籍者がなく特殊学級の設置が困難な場合でも、通級指導が出来るように教員定数上の措置を講ずる。

②原則として固定式の特殊学級の指導とは別に行う。

キ、就学指導体制の整備

①対象となる児童生徒の早期発見、保護者への就学相談、就学指導が不可欠。関係機関、保護者へ新しい教育措置の形態の制度化であることの周知徹底をはかる。

②固定式の特殊学級での指導が適切なものが、安易に通級による指導の対象となることがないよう十分留意する。

ク、教員の資質の向上

①指導教員は、専門的な知識、技能、力量を有することが必要で、教員養成での配慮が望ましい。

ケ、在籍級・校との連携

①通級学級の担任と在籍学級の担任や保護者との情報交換と連携が必要。また、校内の理解と協力体制の整備が必要。

②関係者によるケース会議の必要。その場合のプライバシーの保護に留意。

2、学習障害児に対する対応

ア、学習障害の定義等

①学習障害について様々な定義が存在し、たとえば早くから特殊教育の対象としてきたアメリカにおいても、その定義、診断基準等について不明確な点があり、学校現場での対象児の特定にはかなりの混乱がある。

②わが国でも、全体的な認知能力に比べ特定の能力の発達が著しく遅れていることを特徴とし、該当児童生徒が存在するという点などでは関係者の間に合意が見られるが、判定基準や診断方法については見解が別れている。

③判定については、学業成績や表面上の諸現象のみ、によって行うべきでなく、専門家により総合的かつ慎重に行うことが必要である。

イ、学習障害に対する対応

①今後更に、医学、心理学、教育学の各方面から、指導内容、指導方法、判定基準、類型化などについて基礎的な研究を積極的に行う必要がある。

②通常の学級における指導方法の改善をはかるとともに、「通級」による指導が効果的と考えられるものの指導の充実をはかる。

ウ、学習困難児への対応

①通常の学級の中には、境界線児を含め指導上特別な援助を必要としている児童生徒が存在するが、これらの児童生徒には、まず通常の学級での個に応じた指導を適切に行う。

②これら通常の学級での指導上の配慮・工夫だけでは教育効果が期待できない児童生徒を対象として試行的に実践的な研究を行う必要がある。

資料 21　『日教組新聞』職場討議資料

査研究協力者会議」の最終報告を受けて、文科省の特別支援教育課が、盲・聾・養護学校への就学すべき心身の故障の程度の基準の見直し、特例適用者の就学手続きの改正に伴って学校教育法施行令及び学校教育法施行規則の改正を検討する内部資料（二〇〇二年五月）が露呈したことがあります。その中に「（参考　具体的な事例について国の見解）」として

＊車椅子の子どもをバリアフリーの整備された学校に受け入れ　適当
＊中度の知的障害の子どもを小学校に受け入れ　不適当だが違法ではない
＊介助員を配置して肢体不自由の子どもを受け入れ　不適当だが違法ではない
＊日常的に医療的ケアが必要な子どもの受け入れ　違法
＊行動障害で対人関係形成上問題がある子どもの受け入れ　違法

という部分があって大騒ぎになったことがあります。

その時、青印で「取扱注意」という印が押してある内部資料を、すでにパートナーシップを組んでいた日教組担当者は文科省から手に入れていたのです。でも言われたとおり内部資料としてしっかり持っているだけでした。私たちが知ったのは、障害をもつわが子の学校での処遇をめぐってロビー活動をしていた仲間が、議員の机上に放置されているのをもらってきてくれたおかげです。私が見たのは東京都世田谷区の駒場で行われていた障害児を普通学校へ・全国連絡会の全国交流集会の席上でした。「取扱注意」だから重要です。検討中のものだから意味があります。すぐにコピーしました。最終的に三〇〇部印刷しました。即座に大きな抗議運動が起こりました。「我等いほう人」というデモも繰り広げられました。「取扱注意」と書いてある表紙は有効でした。指針が当該抜きに策定されることに怒りました。「合理的な理由がある特別な場合以外」に教育委員会の意に反して普通学級に入るのは「違法」だって書いてあるのですから、「違法人」を名乗る人も現れ大変な集会になり、威勢のいい抗議活動に展開していきました。

それにしても、日教組はこれを手に入れても読んでい

なかったのでしょうか。大切な問題だと思わなかったのでしょうか。それとも仲間より和解した文科省との関係が大事だったのでしょうか。大事な問題だと知ったら、皆に知らせなければと思うか思わないか。それが運動として重要だと思うんです。そして、それに対処しなければいけないと思うのですが。

六　教研の高校問題

高校に行きたい、ではどうすればいいか？

小学校を地域の普通学級に行けば、中学校も皆と一緒に行きたくなります。中学校に行き、二年生にもなれば話題は高校のことばかりです。保護者が「まさか高校までは……」と思っていても、「こうこう、こうこう」と言うようになります。当たり前です。また、行き届いた教育が受けられると勧められて特殊学級や養護学校に行ったけれど、友達とも離れてしまうとか、自分が思ったような勉強をするわけではないとわかって、養護学校からも高校に行きたいという子が現れてきています。

教研で初めて高校問題がレポートとして出てきたのは新潟県からでした。確か八〇年代の初めで、肢体不自由の子の処遇の問題だったと思います。

高校進学への取り組み自体は、それまでにもぽつぽつありました。血友病のため大西赤人さんが埼玉県立浦和高校で入学を拒否されたのは七一年で、大きな抗議の声が上がりました。

八三年に神奈川と大阪で全盲の子が公立高校に入りました。

東京では八四年に全盲の子が三人受験しました。後々の障害児の受験に大きな道を開いてくれました。三人とも生まれつきの全盲ですが、小・中学校を普通学級で過ごしての受験でした。点字受験を東京都教委が初めて本格的にやるというので話題になり、新聞記事にもなりました。まだ、点字受験が話題になるというような時代でした。

全盲の子が受けるというので、教育委員会も覚悟してそれなりに配慮したのですが、結果は三人とも不合格でした。健常者が障害者に配慮するときの限界です。見えない人には点字を用意し、時間の延長をするというのが精一杯のサービスだったのです。

不合格だったものを覆すことは原則的にできることではないのですが、納得できない支援の人々が、なぜだろう、どこで間違ったのだろうと、すべての問題を点検しました。本当に親身にならなければ気がつかないことでしょうが、色彩に関わるところで点数が取れていなかったのです。それは例えば、国語の「……赤い紅葉に雪が降る……」というような表現にも及んでいました。それで色彩に関わる問題を除いた採点のし直しを要求し、その結果二人、AさんとSくんが合格しましたが、当時は学校群制度で、受験した学校群の中で成績に見合った学校が指定される仕組みでした。

Sくんは目は見えませんが、ごく普通のやりたがり屋の男の子で、自宅のある目黒から指定された高校のある羽田まで、いろいろな出会いを楽しみながら電車を三つ乗り継いで通いました。一方Aさんは、指定された学校ではなく、家から最も近い学校を希望しました。学校間格差があること自体問題ですが、程度の差があり大変難航しました。しかしAさんの希望は揺るがず、都教委が受け入れざるを得ないと決心したとき、苦肉の策として最も通いやすい学校を選んだ場合に配慮する「選考の特例」という制度をつくって難題をクリアしました。制度というものはこんな時にも生まれるものなのです。選抜試験において全国の仲間から羨ましがられている東京の「選考の特例」はこうしてできたもので、今も障害児が受験するとき、一番近いこの学校にしか通えないという理由で優遇される制度として「恩恵」を被っています。

さらに大きく高校の門を拓いたのは、かつて養護学校から地域の学校への転校闘争を闘った金井康治さんと、ずっと地元の小・中学校に通い、「世田谷線」で通える高校を目指した佐野雄介さんでした。石川憲彦さんを先頭に二〇〇人余の支援者と二日二晩にわたる都教委交渉で、一九八六年二月三日、「障害児に関する現行の入試制度のあり方については、今後なお、検討すべき点があることは認識している。(以下略)」(資料22)を確認しました。現行制度が障害児にとって差別的であることを認めたのですから、改善しなければなりません。当面、全面改善はできないので、障害児が点を取りにくい部分を補う受検時の特別措置の制度ができました。

この時期こんな確認ができたのは、金井さんたちの高校に行きたいという強い想いを教委の担当者が受け止めたからですが、本来の私たちの要求は、希望する子の全員受け入れです。この措置はあくまで点数によって線を引く選抜制度のなかで、障害による物理的な不利を補って点数を取り易くする制度で、本質的には乗るわけにはいかないことでした。しかし、現に制度があるなかで高校に入るのを何年も待つわけにはいきません。その時点で入るためには、それしかありませんでした。

そうして金井さんは高校進学したのですが、一方佐野さんは不合格でした。以来、「〇点でも高校へ」の旗を掲げ、受検によらない進学を要求して六年間都立明正高校に自主登校し、自主卒業しました。受検を繰り返すことは、障害の証明を繰り返すようなものです。世間には(受検方法を配慮すれば点が取れる)金井さんが高校に入れないのは不当な差別だけれど、知的な障害も伴い点が取れない佐野さんが入れないのは差別ではないという風聞も流れました。特別措置を拡大運用して何点かを取って合格することは永久に不可能ではなかったと思うのですが、それを潔しとせず「〇点」でも入れろという真っ当な要求を貫いたのです。

資料22　都教委確認書

障害児に関する現行の入試制度のあり方
については、今後なお、検討すべき点がある
ことは認識している。
金井、佐野両君の地域の高校に
入学したいという希望については、
これを十分理解し、今後誠意を
もって話合いを継続する。

一九八六年二月三日
東京都教育委員会
「障害児」の高校進学を実現する
連絡協議会
佐野　さよ子
金井　律子

このところ東京の場合、この「特別措置」「選考の特例」、それに「定員内不合格を出さない」によって、すなわち金井・佐野闘争の遺産で、夜間定時制を含めて学校を選ばなければ入学できています。私たちはさらに希望者全員入学に向かって運動を進めなければならないのですが、都教委による合理化を目指した「改革」＝統廃合が進むなか、現制度を守り続けるのに精一杯です。

いま、全国で障害児の高校進学の運動はほとんど東京の特別措置を目標にしています。上の図は金井さんの受検時の様子ですが、現在の選抜制度の差別性を教委に認めさせるという前提なしに、なるべくこの形に近いものを獲得すれば高校に入れるという風潮があります。某県でこれらの項目を並べて要求したところ、別室受験だけが実現して不合格になった例があります。別室というのは、さまざまな措置が実現したとき、やむを得ず取る方法です。みんなが受験している中で特別措置が実施できれば、そのほうがいいに決まっています。

全国の障害児の高校進学の運動が進まないのは、今の選抜制度が県民のコンセンサスを得ているという点を突き崩せず、障害児には差別的だということの確認ができていないので、恩恵的な要求になっているからではないでしょうか。できていないということは、要求する保護者も支援者も、高校は学ぶにふさわしい学力を有したものが入るところという適格主義から脱却できていない弱さがあると思います。多くの自治体の教育委員会は、定員に余裕があっても点数の取れない子を不合格にする理由を、「入学者選抜は高等学校における教育課程を履修するとともに必要な単位を修得する見込みがあると判断

〔1987年金井康治君の淵江高校受検の場合〕

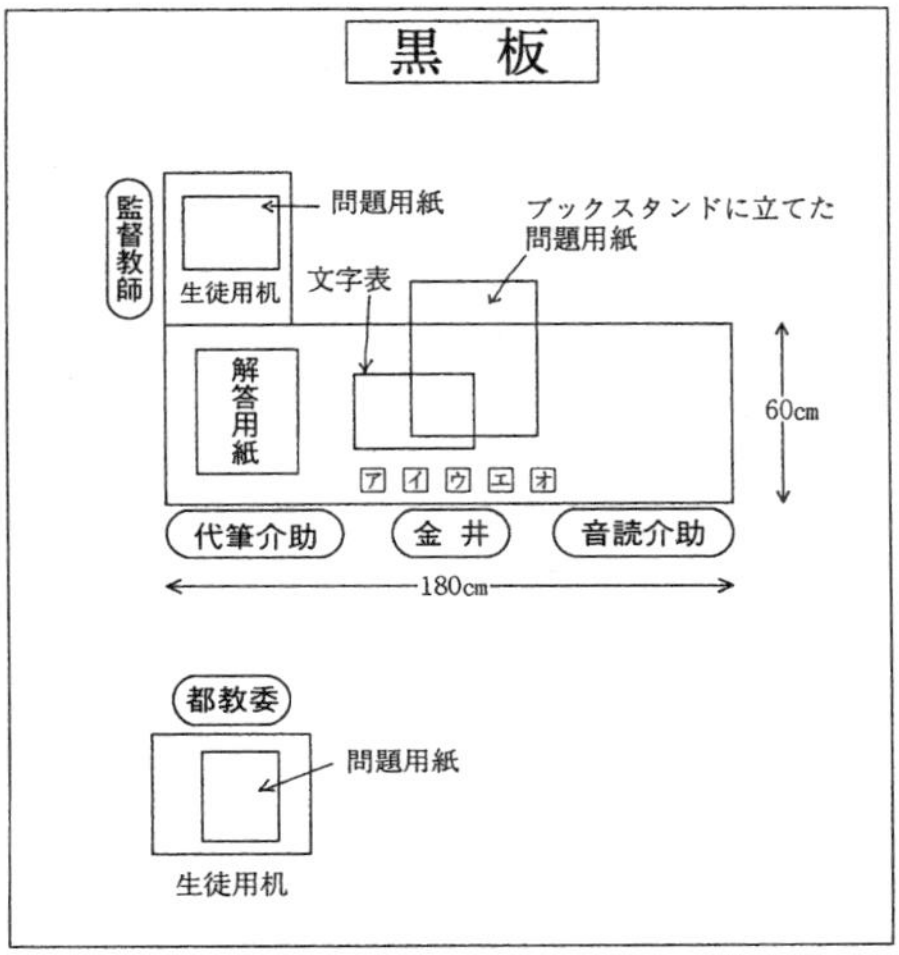

（当時の介助者　小鍛治茂子　記）

した場合、合格とする」ものだからと言います。進んだ実践に学ぶということは、成果をまねるのでなく成果に至る過程をこそ学ぶべきです。

運動ができる時代を超えて

といっても、今、東京で同じ闘いができるかというと自信がありません。やはり堂々と権利の主張ができる時代だったように思います。今はあれだけの結集、あれだけの権利の主張はできないのではないでしょうか。最近、障害があっても、点数が取れなくても、特別支援教育ではなく普通の高校に行きたいという人は増えていますが、本当に権利としての要求でしょうか。どうも求める側も支援する人たちも、共に適格主義を温存したまま、サービスとして高校進学も求めているように思えます。確かに世は権利の主張よりサービスを求める時代です。サービスは求めるけれど本当の意味での権利の主張をしていない。だからなかなかうまくいかないということでもあると思います。

大阪の障害児教育の保障を言うときも、そこ（学力）が焦点になってしまうわけです。一つでも数を数えられたらいいし、一つでも覚えたほうがいいから、皆と一緒にやるより取り出してやろうという話になる。それを長いことやっていると、クラスの中から取り出すことに平気で慣れてしまって、子どももそんなものだと思ってしまうものなんです。初めて取り出しをやったときとか、特殊学級の担任が普通学級に入り込みをやったときは、子どもたちに大体拒否されるんです。でも、「あなたのためなんだから、がんばろうね」と言ってやってきても、他の子たちにだって厳しい勉強なわけだから、「まだやっているのか」「まだわからないのか」と普通学級の中で言われるよりは、別の教室に取り出して別なことをやって、「おお、できたね」と言われるほうがやっぱり気持ちいいんですよね。だから、だんだんそっちに寄っていくわけです。そういうところで、「分けるな」という私たちの言うことがどこまで通じるのか。

豊中で見た算数の授業では、みんな一緒の教室にいて先生は難しい話をしているのだけれど、知的な障害のある子のそばで入り込みの特殊学級の先生が、おはじきで「三つでしょ、四つでしょ」と数を教えているのだけれど、子どもはわからないであろう皆の黒板を見て、その子のために用意されたおはじきは跳ね飛ばしていました。別なことをさせられるのは嫌なんです。わからなくても皆と一緒にやりたいんです。皆と一緒にただ置いておけばいいかと言う人がいますが、そうではありません。クラスの一員としてそこに居れば、自ずとやるべきことはわかります。

特殊教育で私たちは、文科省からその子に合った教科書を使えと言われます。しかし、「一〇七条本」（「検定済教科書」や「文部科学省著作教科書」に属さない「教科書以外の教育用図書」を教科書に使用してよいとする学校教育法一〇七条の規定による本）というのは、その子のために作った本ではないから、絵本であったり、見てしまったらすぐ終わってしまうような本なのです。たとえ読めなくても、中学生になったら皆と同じ教科書を読むんだ、教科書でカバンは重いんだ、とそういう中学生になりたがるものです。それは基本的にやらなければいけないことで、その上で必要だったら、教科書以外の本も与えればいいではないかと思って、教育委員会と喧嘩しながら、同じ学年相応の教科書を採ったのです。子どもたちは教科書を受け取って、気持ちいいんです。あなたたちの分だから絵本を持って帰っていいよと言っても、カバンに入れたがらなかったのに、分厚い社会科の教科書だったりするとうれしいわけなんです。

初めて私が特殊学級を受けもって普通の教科書を獲得したときに、いずみ君と、健康診断をしに校医のところに行くことになって、「これから行くよ」と彼に言うと、もらった教科書がうれしくて離さないわけです。そのまま校医の医院に持って行って、待合室で開いて見ていました。すごく気分がいいようで、「本が逆さまだよ」と言うおばさんがいたりしても、そんなことおかまいなく読んでいました。

そのくらい同じ教科書がもらえない、同じ扱いを受けていないということはつらいことなのです。それは個別、日本の限られた特殊学級でだけのことではなく、どの子にとっても、「あなたはこれでいいんだ」と言われたとき、あなたのためにはこれが丁度いいからと言われたとしても、本人にしてみれば、やさしく配慮した本だと感じられたときは、嫌なものだろうと思うのです。ある障害児のお父さんが「うちの子にとって教科書なんて、何の値打ちもなかった」と言ったのですが、そうではないんです。普通の生徒が普通に持つ教科書には、そのくらいの意味があるのです。そのくらいの意味というのが、今のこの差別社会ではかなり大事なものなのです。中身が読めるようになればそれはそれでいいのですが、そう簡単にはいきません。読めなければなおさら同じ教科書がいいのです。皆と同じ教科書の同じところを開いて、おれだって開いているんだぞという、そのことの大切さは、「どの子も普通学級へ」と言うときに、すごく感じます。その上でその子に合ったものを用意することは可能です。

適格主義に縛られている

最近では、日教組の教研集会障害児教育分科会に高校からレポートが出てくるのはごくまれで、毎年一本か二本あればいいほうです。それも多くは、もともと障害児として受け入れたという例はまれで、中途で障害をもったが引き続き引き受けていますというのが立派なレポートとして出てきたりします。そんなの当たり前じゃないの、と思うようなレポートですが、大切にしなければなりません。

一九七〇年代には、定時制高校の統廃合が進むなか、障害児を受け入れて、改めて高校教育のあり方を考えさせられたというレポートもありました。高校教師から「私たちはもっとも教育を必要にしている順に排除していたのですね」という懺悔のことばを聞いたのもこの頃です。

そもそも新制高校は、中学教育を終えたなるべく多くの人を受け入れるべく発足したのです。

一九四七年制定の学校教育法四一条（現五〇条）には、「高等学校は、中学校における教育の基盤の上に、心身の発達に応じて、高等普通教育及び専門教育を施すことを目的とする。」と示しています。すなわち高等とはいえ「普通教育」（すべての人に人間として必要な能力を育む教育）をする学校です。ですからすべての人が受ける義務教育の中学校を修了した人が、できれば全員進学するべき学校として発足しました。そのため、学力検査などを行わず、入学のハードルは低く抑えられました。希望者が進学しやすいように、生活条件に合わせて定時制や通信制が整備され、奨学制度も徐々にですが拡充されてきました。同時にそれは「専門教育」を施す学校でもありました。進路と適性に応じて専門の教育を受けることもできる学校でもありました。発足当時の高校、それぞれの学校で普通教育と専門教育を包括する「総合制」として始まりました。「総合制」と「小学区制」「男女共学制」が高校三原則でした。普通教育と専門教育が同じ学校で履修でき、男女共学であり、どの高校を修了しても大学進学を含む進路が平等に開けているなら、当然地域にある学校が好都合です。こうして新制高校は地域に密着した学校として出発しました。もちろん希望者全員入学で、発足にあたって出された「昭和二十三年新制高等学校入学者選抜について」は、学力検査、面接、身体検査の廃止を述べ、「志願者数が定員を超える場合のみ入学者選抜を認める」としています。

しかし、戦後の窮乏のなか、制定から一九四八年の実施までの準備期間は一年しかありませんでした。したがってほとんどが戦前の中等学校（中学校、高等女学校、実業学校、青年学校など）の施設、教職員、それに伝統まで引き継いで対応しました。そのため、ほどなく伝統校などで過去の栄光を取り戻そうという動きが出てきます。

やがて経済的自立を目指す産業界の求めで人材開発が急がれ、高校の種別化が進みます。一方、五五年体制下、日本人としての国民統合、思想統一の要求が高校教育に影響し、学校は次第に自由度を失っていき、高校三原則は消滅していきます。

経済成長のなか、高校教育は大衆化しますが、それは差別の解消にはつながりませんでした。

一九六三年、高校進学率は六六・八％に達していました。高校進学は「受験体制」に入ります。文部省は初等中等教育局長通知「公立高等学校入学者選抜要項」を出しました。それには

「一　高等学校は、高等学校教育の普及およびその機会均等の精神にのっとり志願者のなるべく多数を入学させることが望ましいが、高等学校の目的に照らして、心身に異常があり修学に耐えないと認められる者その他高等学校の教育課程を履修できる見込みのない者をも入学させることは適当でない。

高等学校の入学者の選抜は、中学校長から送付された調査書その他必要な書類、選抜のための学力検査の成績等を資料として、高等学校教育を受けるに足る資質と能力を判定して行なうものとする。」（二一〜一一項

省略）

と書かれていました。

この通達によって、高校の適格主義が確立されてしまいます。前段には、機会均等の精神が謳われていますが、高校は無視して定員内不合格を出すようになります。

しかし、中学を卒業すれば当然のようにほとんどの子が高校に行くのですから、障害があっても点数が取れなくても高校に行きたくなります。一九八〇年代、金井、佐野さんたちの取り組みの影響もあって、全国的に「高校を拓く」運動が進みます。運動のあるところではその勢いのなかで行政も配慮した一定の「特別措置」を行うようになりました。（東京都教委は高校入試について「障害児・者の就学先については本人・保護者が決定すべきものであり、養護学校に強制されない」と答えています。）

一九九〇年代には、広島では寺脇研教育長が適格主義を否定して「広島県立高校から東大に行く子が一人もいなくてもかまいません」などと言い、兵庫、大阪をはじめ全国各地から取り組みや実現の報告がありましたが、最近の少子化による大規模な再編・高校改革は特別支援教育の発足と相俟って障害児には非常に厳しい状況になってきています。

発足以来、高校教育は生徒を抜きにして社会・経済に翻弄され、多様化、いじめ、不登校、中退、暴力、大学入試、未履修などなど、様々な問題を露出してきました。しかもその歪みを改革と称してその都度モグラ叩きのように対応してきましたが、結果は格差の助長ばかりです。今こそ本来の姿に戻らなければならないと思うのですが、それには、高校の教師たちが障害児を含めた想定外の生徒に出会って覚醒することも、一つの途ではないでしょうか。

障害児の高校問題で一番難しいところは、特に最近は、支援者を含めて受ける側に巣くっている適格主義です。例えばきょうだい三人いて、上と下の二人は普通で、二番めの子が障害があって点数が取れないというとき、親は障害のない二人についての姿勢を変えることはありません。他の子と同じように、否それ以上に、受験勉強をさせ、いい高校を目指します。その一方で、障害のある子については、点数抜きで入れろと言うわけで、すでに親の中で矛盾しています。やむを得ないことではありません。点数は取れない、他の子のような受験勉強はなじまないのですから、普通に考えたら行ける高校はありません。でも行きたいのですから、点数抜きで入れろと言うか、点数の取れる措置をしろと言うしかありません。同じ親の中で、制度としては能力主義を進めるほうと、能力主義に歯止めをかけようとするほうと、一人の中に両方あるわけです。この矛盾を解消する取り組みが必要です。

とりあえず希望者は全員受け入れる制度にしなければなりません。物理的には少子化の今、可能な時期です。障害児を入れることはそのための一歩だと思うのですが、特例的に実現するだけで広がりをもち得ていません。それどころか「高校の教育課程を履修する見込みのない者の入学は認めない」とする「公立高等学校の入学者選抜について」（一九六三年八月二十三日通達）をよりどころに定員内不合格を出し続けている自治体は少なくありません。

通達はその後も度々出されており、一九九三年通達は「入学者選抜の改善について」として、業者テストの偏差値を用いない他、「一、多様な選抜方法の実施　二、多段階の選抜の実施」を挙げ、留意すべき事項として「四、身体に障害のある生徒については、単に障害があることのみをもって高等学校入学者選抜において不合理な取扱がなされることがないよう、選抜方法上の工夫など適切な配慮を行うこと」としました。さらに一九九七年通達は「自校の教育を受けるのに適当と考えれば、ある程度の幅を持って合格とする」などとした上で、障害児・者については、「身体に障害」の「身体」を除き、「エ（中略）障害のある者については障害の種類や程度に応じて適切な評価が可能となるよう、学力検査の実施に際して一層の配慮を行うとともに、選抜方法の多様化や評価尺度の多元化を図ること」と述べています。

これらを読むと、受け入れるつもりになればどんな障害児も入学が可能のように思われます。事実、入学者選抜要項等に〝障害のある受験生に対する配慮〟の項を設けるところも増えていますが、各校は相変わらずといいましょうか、一層自校の教育の水準を固持して、定員内不合格を出しています。定員というのは事前に県民に発表した公約のようなものですから、定員に満たなければどんな障害児であっても点数が取れていなくても合格にすべきですが、そこに適格主義が現れます。それを支えるのが学校教育法施行規則九〇条「高等学校の入学は規定により送付された調査書その他必要な書類、選抜のための学力検査の成績等を資料として行う入学者の選抜に基づいて、校長が、これを許可する。」です。

このところ定員内不合格を出していないのは神奈川、大阪、東京くらいですが、それらの全日制高校では統廃合が進み、定員が減少して定員内不合格を出さなくてすむのに近い状況があります。あんなに粘り強い運動を進めている千葉でさえ、毎年一五〇名くらいの定員内不合格が出ていると言います。

点数が取れなくて実際に高校に入っている子はそう多くはありませんが、入れば何とかなります。先に述べた八女農業高校のような素敵な実践を生み出すこともありますが、排除することもできます。

Sさんは五度目で受験したB高校定時制が定員内であったため合格しました。Sさんは大柄でよく動きますが、丁寧に付き合うと、ある程度ことばも通じるしどうやら字らしいものも書きます。ようやく入った学校に喜んで通うSさんを生徒たちは戸惑いながらも仲間として迎えてくれましたが、教師たちは来るべき生徒ではないと冷淡でした。Sさんはなかなか通じない相手に全身で訴えるのですが、力で押さえられるので抵抗します。すると暴力ととらえられて他の生徒と分離され、一年後には転学、自主退学を勧告され、これに従わなかったため退学処分になりました。退学処分が出されたとき、障害のゆえに退学になるという事例をつくるべきではないとして、都同教（東京都同和教育研究協議会）が中心になって都の教育委員会と話し合いがもたれました。そのなかで受け入れ可能な学校に転校する案も出ましたが、本人・保護者はB高校の責任を問いたいとこの案を拒み、提訴しました。私も支援の一人として、共に学ぶことの意義や、成功した事例などを挙げた意見書を出しました。結果として敗訴に終わりましたが、Sさん親子の「都立高校は希望するすべての生徒を受け入れよ」「能力や障害を理由に排除するな」と広く訴える取り組みでした。

僕がやったら、5と6の足し算できました

想定外の生徒には教師は戸惑います。その他にもいろいろ騒動はありますが、多くはなんとか卒業に漕ぎつけ

ています。まず起こるのは進級問題です。ここが肝心ですが、生活進級（単位が取れなくても所属学級だけは進級した学年の学級にする）などを持ち出されて、つい単位の問題を先送りしがちで、卒業間際になって大騒ぎするケースが少なくありません。

この先どんなに特別支援学校が充実しても、普通高校を希望する生徒は増え続けると思います。

私が最初に点数の取れない生徒の高校進学に付き合ったのは一九七〇年代の初めでした。ススム君に「コーコーイク」と言われたとき、やはりびっくりしました。特殊学級在籍でしたが、みんなが好きでした。考えてみたら、行きたいのは当たり前ですが、受験の壁があります。思わず「えー高校？　試験があるよ」と言ってしまいました。すると「がんばるもん」と言います。「がんばっても漢字書けないじゃない」と言うと、「高校行って書くもん」と言うのです。気がつきました。わかっているのですね。高校がもっと勉強するところ、もっと教えてくれるところと。そうか、漢字が書けないからこそ高校に行きたいのだとわかってしまったら、それは応援しないわけにはいきません。彼の素直な願望にほだされて、学校を挙げて応援しましたが、受験した二つの高校とも不合格でした。ようやく三度目に受けた定時制高校の二次試験に、定員割れで合格しました。

定時制の教師は、それはそれはよく彼に付き合ってくれました。送り出す中学の側としても、調査書の他に、国語には、「とてもなめらかなひらがなを書きます」とか、数学のところには「足し算ができますが、いま繰り上がりで苦労しています」などと書いて送りました。すると道で会った国語の先生が「本当にススム君のひらがなはなめらかですねえ」と言ってくれたりしました。数学の教師は5たす6から丁寧に付き合ってくれました。一カ月もしないうちにその若い教師が電話をよこしました。いきなり「北村先生、怠けてたんでしょう。僕とやったら5と6の足し算できましたよ」と言うのです。教師は嬉しそうでした。私も嬉しくなって「さすが数学の先生ですね」と言っておきましたが、また一カ月くらい経ってから電話がありました。「あれは、高校に入ったという喜びが学習意欲にはずみをつけた時だったのですね」と言います。きっとその先へ進めないのでしょう。〝ザマー見ろ、調子に乗るな〟という気もしたのですが、「気長に付き合って下さい」と言いました。

学校に慣れて昼間に時間をもて余してきたススム君、一番早く登校して友達を待ちます。来る人ごとに「あした、あそぼ」「あした、あそぼ」と声をかけるのですが、ろくに返事もしてもらえない日が続きます。ある日「ダメだよ。仕事だから」と言う人がいました。嬉しくなったススム君は、今度はその人に「シゴト、どこ?」「シゴト、どこ?」と執拗に聞きます。そして何日もかかってその人の仕事場に行き着きました。

羽田の小工場地帯の一角にその人の仕事場はありました。おやじさんが機械の前に立ち、友達が助手をしているのがガラス戸越しに見えました。それから毎日毎日、狭い路地の向かい側にじっとしゃがんで工場を見ながら、友達が学校に行く支度をして出てくるのを待ちました。ある日おやじさんがガラス戸を開けて「おまえもやるか」と言ってくれました。「うん」。これでススム君の仕事が決まりました。(学校は五年で卒業しましたが、仕事は数年前工場が廃業するまで続きました。)

高校は楽しいところでもありますが、教育課程をクリアするのは難しいことです。気長に付き合ってもできないこともあります。なかには気長になんか付き合ってくれない教師もいます。学年末になってススム君の留年が決まりました。実は数学の教師も留年を勧めた一人でした。それはもう一年付き合いたかったのです。「落第?落第?」と聞くススム君に「違う、もう一年一緒に勉強するの」と言って納得させました。留年言い渡しのため校長室に呼び出されたススム君は、前に休みがちのA君がいるのを見つけるや、駆け寄って肩を叩き「お前も留年かよ」と言ったそうです。途端に何やら連帯感が湧いたようで、瞬間、退学するつもりだったA君、続ける決心をしたと言います。

今、各地で定員内不合格を出し続けている高校の言い分を聞くと、受け入れても十分な対応ができないし、進路も心配でなどと奇特なことをおっしゃいますが、満足な付き合いのできているケースなど数多くはありません。教師とは子どもの成長の過程に付き合う者です。高校なら三年~四年という限られた歳月をお互いに納得のいく付き合いをして、次に付き合ってくれる本人の望む信頼できる人(ところ)にバトンタッチすればよいのです。

それにもともと、法的には高校に障害児が来ることは予想されています。先に述べた学校教育法五〇条の高等学校の目的の他、学校教育法施行規則第五四条に「児童が心身の状況によって履修することが困難な各教科は、その児童の心身の状況に適合するように課さなければならない」とあり、第一〇四条に「五四条の規定は高等学校に、これを準用する」とあります。

また、文科省・教育委員会が法的拘束力があるという高等学校学習指導要領総則第六款五－（六）にも「学習の遅れがちな生徒、障害のある生徒などについては各教科・科目の選択、その内容の取扱いなどについて必要な配慮を行い、生徒の実態に応じ、指導内容や指導方法を工夫すること」としています。ところがこれらとは矛盾するように使われがちな学校教育法施行規則第九〇条「……校長が、これを許可する」があります。これだって学校（教師）の都合のよい順に選べとは読めません。教育を必要とする順に入れてもよいわけです。資料をどう読むかは校長（学校＝教員）次第です。事実、神奈川ではこのところ毎年続けて定員オーバーのなか点数の取れない障害児が入っています。二〇〇四年、N高校Hさん（一・〇八倍）、〇五年、N高校Oさん（一・四七倍）、〇六年、N高校Sさん（一・九二倍）、〇七年、S高校Hさん（一・二一倍）、〇八年、F高校Kさん（一・八六倍）、〇八年、A高校定時制Fさん（二・一二倍）という具合です。

神奈川の「障害児」の高校進学を実現する会（以下、「実現する会」）は、「友達と一緒に高校生になりたい」という二人の少年の叫びを受けて八八年六月に結成され、八年かけて九回目の受験で高校生になったKさん親子を中心に取り組みを進めてきました。教育委員会とも熱心に交渉を続けるなかで、次のような回答を得ています。

一、「共に学び共に育つ」教育の推進のため、「障害」のある生徒に不利益な状況が生じないよう、配慮に努める。

二、入学者選抜実施要項・募集案内に基づき、進学を希望している生徒の実情や「障害」の状況を踏まえ、安心して受験できるよう、充分な受験態勢を整えられるよう、学校を指導する。

三、「障害」に対する予断と偏見がないよう指導する。

四、「障害」ゆえに点のとれない受験生に対して、「障害」を理由にした差別はない。「障害」のある生徒に対しては、差別にならないよう、受験上配慮をしていく。

五、受け入れのための具体的方策として、実施要項・募集案内に基づき、受験方法、時間、会場について適切な配慮を行う。「添付書類」を添えた受験生に関しては、調査書記入以外の各教科、特別活動における「障害」のある生徒のもつ学習意欲、目的意識等、積極的に評価する。選抜に関して、一層生徒を理解するとともに、調査書を補完し、目に見える形で実質的プラス判断材料として、障害のある生徒を幅広く積極的に受け入れるよう指導する。「添付書類」の主旨に関しては、地区進路連絡会などを通して中学・高校の校長、教頭、事務長等に周知徹底していく。

六、面接は、受験生を理解し受け入れる場として行うよう、学校を指導する。

七、これまでの積み上げを尊重し、柔軟に対応する。

実現する会からの「要求書」、保護者からの「要望書」に則り、個別のこれらが誠実に履行されるなかで定員オーバー合格は実現しているのです。なかでも注目されているのが「添付書類」とその扱いです。毎年のことですが、定員オーバーで入ったという情報が全国に飛ぶと、神奈川の「実現する会」には、添付書類とは何か、どういう様式なのか、何を書けばよいか、という問い合わせが殺到します。しかし特別のことが書いてあるわけではありません。多くは志願の理由や本人をよりよく理解してもらうための資料です。ですから同じことを書いても他県では通用しないと思います。県教委の回答にあるように〝その生徒を理解し、実質的にプラス判断に向けられる資料で、障害のある生徒を幅広く積極的に受け入れるため〟の配慮によるものだから有効に機能するのです。

受け入れた学校では、どこでも手探り状態から始まります。受け入れたもののコミュニケーションはとれない、テストの解答は読めない。〇点とも付けられず困ったのでしょう、英語の教師は赤ペンで「ｐｏｏｒ」と書いて答案用紙を返しました。でも解答欄にはひらがなでも数字でもないものが書いてあります。よく見ると問題文をまねたようなあとが見えます。支援の仲間にしてみればこれはすごいことです。話し合いを重ねるなかで、次第に必要に応じてサポート委員会などが立ち上げられ、卒業までの支援体制が整っていくようです。そのうち卒業させるには、この子の評価は五段階評価の3から始めようなどという案が出てきます。一〇〇メートル徒競走で、その子だけ五〇メートルから走るのと同じ発想です。教師個人としてはいろいろ素敵な取り組みがありますが、学校全体でということになればこのあたりが限界でしょうか。

神奈川では、二〇〇二年、神奈川で開催した、障害児の高校進学を実現する全国交流集会で高教組が設営その他の実務の一切をやってくれたことからもわかるように、その柔軟な姿勢も「実現する会」の取り組みを支えていると思います。ちなみに高教組は書記局に進路保障の一環として、非常勤ですが二人の障害者を雇用しています。

特別支援学校の問題

障害児の高校進学を進める上で厄介なのが、定員内であっても希望者の受け入れを阻む高校の適格主義の問題とともに、養護学校（〇七年度から特別支援学校に変更）の存在があります。国の方針としても将来的に地域で生きることがめざされているにもかかわらず、その前段の教育で地域の学校から排除される子どもの人数は増え続けています。特別支援教育が発達障害児の支援に傾いていることも拍車をかけています。

特別支援学校に行っても苦労は尽きませんが、とりあえずは居心地がいいのでしょう。「もうついていけませんよ」「そろそろ特別支援学校を考えませんか」「進路も心配です」などと言われ続けるよりは。それは「行政の指導に逆らっていないという安心」でしょうか。それに「伸びると思います」「個に合った教育をしてもらえます」などという言葉に幻想をもつこともあるでしょう。それに経済的な要因です。給食費から修学旅行費などの補助金（特殊教育就学奨励費、六四頁参照）での物理的な優遇策があります。

また進路の問題があります。なまじ〝地域で生きる〟などと言わず、よくも悪くも特別支援学校に行っておけば、就職はできなくてもどこかに行けるのです。たいていの自治体は、特別支援学校の卒業生の人数、障害の程度に合わせて施設を用意しており、通所施設であれ収容施設であれ分相応にスムーズに行けるのです。

　このところ特別支援教育を受ける子が毎年一万人ずつ増えているなどと言われていますが、その数字には普通学級に在籍して通級指導を受ける発達障害といわれる子が数千人含まれています。問題は特別支援学校高等部在籍者の増加です。小・中学部を特別支援学校で過ごした子が高等部に行くのは、まあ自然なことですが、最近の全国の知的特別支援学校高等部の在籍者は、〇七年度三万三三七九人、〇八年度三万三三七七人で、中等部の一万五五二一人、一万五五六三人の二倍以上です。大半は中学校普通学級及び特別支援学級の卒業生です。どこの学校も教室不足で特別教室や教室を仕切ったりしてとりあえず普通教室の確保に懸命ですが、間に合わず小学校や高校の空き教室に分教室を設けたりしています（資料23）。

　高等部に課せられている使命は第一義的に進路保障です。就職率を上げることが最大の課題です。ある学校では一年生からインターンシップが、二年生から職場実習が行われています。その効果を期待して行くのでしょうが、能率的に特訓するため分けられます。すでに地域の学校から分けられた子どもたちですが、分け始めるときりがありません。多くは能力により進路が予想され、自立重視クラス（更生施設向き）、生活重視クラス（授産施設向き）、職業重視クラス（就職向き）、他に重度重複クラス等と分けて教育されています。入学の段階で進路が決められるといって過言ではありません。それに従えば確かにどこかに行けます。就職できなくてもスムーズに作業所に行けます。スムーズに行かない関門があるから世の中面白いのに。

　また、最近は就職できそうな子だけを集めて就職率一〇〇％を謳う特別支援学校が増え、希望者が殺到しています。しかしそこは普通の場ではありません。普通に暮らすには、娑婆で地域のみんなと一緒に喜怒哀楽の場数を踏む必要があります。そのためにはやはり高校をめざすべきです。それは高校が蘇えるためにも必要なことです。小・中学校を卒業したなら当然のことと思いますが、適格主義に冒された娑婆です。決意するのも容易ではありません。

　かつてK県で孤立をいとわず小・中学校を地域の普通

資料23　小・中・高等学校における特別支援学校の分校または分教室等の設置状況

特別支援学校の中には、小・中・高等学校等に分校や分教室を設置したり、小・中・高等学校等と併設、または、隣接していたりするケースがあるなど、学校間で連携した様々な取組が行われている。

以下の表は、平成19年４月現在の全国の設置状況を示したものである。

表１　小・中・高等学校における特別支援学校の分校または分教室の設置状況

都道府県名	小・中・高等学校名	特別支援学校名	障害種別	設置学部
岩　手	遠野市立遠野小学校	県立花巻養護学校	知的障害	小
	一関市立千厩小学校	県立一関養護学校	知的障害	小
宮　城	白石市立白石第二小学校	県立角田養護学校	知的障害	小
	白石市立白石中学校	県立角田養護学校	知的障害	中
群　馬	沼田市立沼田東小学校	県立榛名養護学校・沼田分校	知的障害	小・中
神奈川	県立舞岡高等学校	県立保土ヶ谷養護学校	知的障害	高
	県立新栄高等学校	県立みどり養護学校	知的障害	高
	県立大和東高等学校	県立瀬谷養護学校	知的障害	高
	県立岸根高等学校	県立鶴見養護学校	知的障害	高
	県立橋本高等学校	県立相模原養護学校	知的障害	高
新　潟	十日町市立十日町小学校	県立小出養護学校・ふれあいの丘分校	知的障害	小・中
	糸魚川市立糸魚川小学校	県立高田養護学校・ひすいの里分校	知的障害	小・中
長　野	佐久穂町立佐久西小学校	長野県小諸養護学校	知的障害	小
	佐久穂町立佐久中学校	長野県小諸養護学校	知的障害	中
	長野県更級農業高等学校	長野県長野養護学校	知的障害	高
	飯田市立丸山小学校	長野県松本ろう学校	聴覚障害	幼
	茅野市立永明小学校	長野県松本ろう学校	聴覚障害	幼
静　岡	伊東市立西小学校	県立東部養護学校・伊東分校	知的障害・肢体不自由	小・中
	静岡市立清水小学校	県立静岡北養護学校・清水分校	知的障害	小・中
	県立伊東高等学校城ヶ崎分校	県立東部養護学校・伊豆高原分校	知的障害	高
	県立静岡南高等学校	県立静岡北養護学校・南の丘分校	知的障害	高
	県立池新田高等学校	県立袋井養護学校・御前崎分校	知的障害	高
愛　知	県立桃陵高等学校	県立半田養護学校・桃花校舎	知的障害	高
三　重	尾鷲市立尾鷲小学校	県立特別支援学校東紀州くろしお学園・おわせ分校	肢体不自由	小・中・高
大　阪	府立枚岡樟風高等学校	府立たまがわ高等支援学校・共生推進教室	知的障害	高
島　根	大田市立第二中学校	県立出雲養護学校	知的障害	小・中
広　島	尾道市立南小学校	県立三原特別支援学校・瀬戸田分校	知的障害	小・中・高
	大崎上島町立中野小学校	県立三原特別支援学校・大崎分教室	知的障害	小・中・高
長　崎	壱岐市立盈科小学校	県立虹の原養護学校	知的障害	小・中
	県立五島海陽高等学校	県立鶴南養護学校	知的障害	高

宮　崎	小林市立東方小学校	県立都城養護学校・小林校	知的障害・肢体不自由	小
	小林市立東方中学校	県立都城養護学校・小林校	知的障害・肢体不自由	中

表2　小・中・高等学校と特別支援学校の併設または隣接の状況

都道府県名	小・中・高等学校名	特別支援学校名	障害種別	設置学部
北海道	函館市立深堀中学校	北海道函館聾学校	聴覚障害	幼・小・中
	旭川市立北星中学校	北海道旭川聾学校	聴覚障害	幼・小・中
	北海道中札内高等学校	北海道中札内高等養護学校	知的障害	高
	函館市立旭岡中学校	北海道函館養護学校	肢体不自由	小・中・高
埼　玉	県立蓮田高等学校	県立蓮田養護学校	病弱	小・中・高
	県立和光国際高等学校	県立和光養護学校	肢体不自由	小・中・高
	県立富士見高等学校	富士見市立富士見養護学校	知的障害	小・中・高
	富士見市立南畑小学校	富士見市立富士見養護学校	知的障害	小・中・高
	さいたま市立大宮西中学校	さいたま市立養護学校	肢体不自由	小・中・高
千　葉	市川市立信篤小学校	県立市川特別支援学校	知的障害	小・中・高
	印旛村立平賀小学校	県立印旛特別支援学校	知的障害	小・中・高
神奈川	横浜市立中村小学校	横浜市立中村特別支援学校	肢体不自由	小・中
		横浜市立上菅田特別支援学校・分教室	肢体不自由	高
	横浜市立北綱島小学校	横浜市立北綱島特別支援学校	肢体不自由	小・中
		横浜市立上菅田特別支援学校・分教室	肢体不自由	高
	横浜市立新治小学校	横浜市立新治特別支援学校	肢体不自由	小・中
		横浜市立上菅田特別支援学校・分教室	肢体不自由	高
	横浜市立東俣野小学校	横浜市立東俣野特別支援学校	肢体不自由	小・中
		横浜市立上菅田特別支援学校・分教室	肢体不自由	高
	川崎市立渡田小学校	川崎市立田島養護学校・分教室	知的障害	小
新　潟	見附市立名木野小学校	見附市立見附養護学校	知的障害	小・中
長　野	松本市立今井小学校	長野県松本養護学校	知的障害	小・中・高
	松本市立明善小学校 松本市立明善中学校	長野県松本ろう学校	聴覚障害	幼・小・中・高
静　岡	沼津市立原東小学校	県立沼津養護学校	知的障害	小・中・高
	浜松市立江南中学校	県立浜松養護学校	知的障害	小・中・高
愛　知	県立半田高等学校	県立ひいらぎ養護学校	肢体不自由	小・中・高
三　重	熊野市立有馬小学校	県立特別支援学校東紀州くろしお学園	肢体不自由	小・中
	熊野市立木本小学校	県立特別支援学校東紀州くろしお学園	肢体不自由	高
滋　賀	県立長浜高等学校	県立長浜高等養護学校	知的障害	高
	県立甲南高等学校	県立甲南高等養護学校	知的障害	高
大　阪	堺市立旭中学校	堺市立百舌鳥養護学校・分校	肢体不自由	小・中
奈　良	上牧町立上牧第三小学校	県立西和養護学校	知的障害	小・中・高
佐　賀	県立佐賀北高等学校	県立盲学校	視覚障害	幼・小・中・高

学級で過ごしたHさん親娘。当り前と自分に言い聞かせながら高校をめざし、先進県に学び、やれることはみんなやりました。Hさん一家は地域ではそこそこ名の知れた家でしたが、周りの理解は進まず教委交渉や署名活動などやればやるほど孤立は深まり、六年で断念しました。その時、お母さんがしみじみした表情で「高校をあきらめて楽になりました」と言われたことを、私は忘れません。六年間の闘いの相手は「高校の厚い壁」と『あんな立派な養護学校があるのに』という世間」でした。

関東圏からM県に転居した障害をもつKさんが、中学卒業にあたって〝高校に行きたい〟という声を上げたとき、地域の人たちは「まさか」「点数が取れないのに」「行けるはずがない」「どうして養護学校ではないの」などと言って驚きました。M県は小・中学校に関しては共に学ぶ取り組みが進んでいて、教研集会でも度々その実践が報告され、拍手を浴びたことがあります。地域で共に生きる活動も盛んです。ところがなぜか「〇点でも高校へ」という取り組みはなく、当り前のように中学卒業後は養護学校高等部に行っていました。しかし、もともと共に生きることをめざしている地域です。「点数も取れないのに高校に行きたい！　とは、よそ者でなければ言えない」から、瞬く間に「高校も一緒に」の支援の輪は広がりました。その輪のなかで振り返ると、八〇年～九〇年には高校希望者全員受け入れをめざした取り組みがあったことを支援の面々は思い出し、時代の流れのなかで能力主義に冒されている内なる適格主義に気づきます。Kさんは「高校の教育課程修了の見込みがない」として二年続けて定員内不合格になりました。余りの仕打ちにめげて諦めるのではないかと案じられたのですが、三年目の挑戦をします。お母さんは「やっと選抜の仕組みが分かりました。これからです」と言っています。

資料24　「障害があっても点数がとれなくても　〝ふえる高校をめざす子どもたち〟」

はじめに

世界は大きく統合に向かっている。人権意識も徐々に高まってきた。分けた所で行われる教育の限界も見えてきた。

地域の学校がそんなにいい所でなくても、小・中学校を普通学級で過ごせばみんなと同じように高校にも行きたくなる。障害があっても、点数がとれなくても養護学校高等部ではなく高校に行こうという子が全国的に急速に増えている。

小・中学校を養護学校で過ごしたからこそ高校は普通に行きたいという子もいる。

もちろん、障害児の高校進学運動は最近始まったわけではない（浦和高校が大西赤人君を特異体質の故に入学拒否した事件は一九七一年であった）。一九七〇年から八〇年頃にかけて通信制や定時制の統廃合問題が起こるなか、教育を必要な子から排除してきたことに気づき、どんなタイプの子も受け入れようという教師たちのとりくみと相まって、障害をもつ子や遅れた子が高校に入って行った。「同和教育を中核に据え、希望するすべての人を受け入れ、退学処分を出さない」東京都立南葛飾高校定時制は、長い間障害児や学校から切り捨てられてきた人たちにとって最後のよりどころになる「いい学校」であった。都内全域はもちろん千葉県からも埼玉県からも、地域の学校で相手にして貰えない人たちがたくさん押しかけ、定員の倍に及ぶことも少なくなかった。関西では同和教育の土台がしっかりあって一歩進んでいた。中学校の進路指導のすぐれた実践もあった。地元校育成運動のなかで不合格になった子も共に学ぶ松原高校の準高生のとりくみがあり、交流生のとりくみはいまもつづいている。市教委の教育改革によって廃止されたが市立芦屋高校では「障害児こそ地元普通高校へ」をスローガンに掲げた進学保障制度があった。

視覚障害者に点字受験が行われたのは私が承知している限りでは大阪の一九八三年が初めてで、八四年の埼玉、東京がこれにつづくが、それ以前にも個別な形で各地で障害に配慮された受験で進学する例はあった。

それでも点数のとれない知的障害者もふくめて運動が全国的に進むのは一九八五年東京の金井康治君、佐野雄介君が高校進学希望を表明したあたりからであった。実現に向かって、・定員内不合格を出さない、・内申書の見直し、・通学上の優先措置、・受験に際して必要な配慮（点字受験、手話通訳、生活介助者の同行、時間延長、介助者による音読、文字表使用、代筆など）など入試要項の改善や個人への具体的要求の実現を通して金井康治君が一九八七年都立渕江高校に入学したのにつづき、次々に障害児が入学していくようになった。

兵庫や大阪・神奈川・広島・福岡・新潟・埼玉などでも進学を希望する子が増えるにつれ、支える組織もでき、とりくみのなかで入学する例も多くなってきた。それが日教組教研や全国障害者解放運動連絡会議の全国交流集会やそれぞれの機関紙などを通して広く知られることになり、さらに北海道や奈良や三重・静岡・千葉・滋賀などからもとりくみの報告がきかれるようになった。

各地の状況をみると、とりくみはかなり進んできているものの成果はというとまだ重い障害者には及んでいないことがわかる。選抜制度に拠る限り、少しずつ底上げすることはできるが、すべての障害児が入ることは困難である。

——金井君と一緒に挑戦を始めた佐野君は障害が重く、高校が丸ごと受け入れる決断をしない限り、受験は不合格確認作業でしかないからと受験しないでの入学を要求して六年間自主登校をつづけ、選抜制度が問題であることを訴えてきたが果たさないまま九二年に自主卒業をしているし、どう配慮されても受験の席に着いていないタイプの子は排除されつづけている。

障害児が高校をめざすのは無謀なことではない

一九四八年後期中等教育として希望者全員入学を原則に出発した新制高校であるが、進学者が増えるなかで選抜のための入試が定着し、一九六三年の学校教育法施行規則第五九条の改訂により、最終的な合否の決定権は学校長にあることになった。そのため障害が重くても教職員の総意で受け入れられる例もあるが、定員内であっても障害が軽くても不合格になる例もある。障害児や点数のとれない子をたとえ定員内であっても不合格にする場合、やはり一九六三年に出された通知にある公立高等学校入学者選抜要項の「高等学校の目的に照らして心身に異常があり修学に堪えないと認められる者その他高等学校の教育課程を履習できる見込みのない者をも入学させることは適当でない」に依拠している場合が多いようであるが、これには法的拘束力はない。

一九九二年四月、神戸地裁は、学力では合格圏にあるにもかかわらず筋ジストロフィ症のため高等学校の全課程を履習する見込みがないと判定され市立尼崎高校に不合格になったのは不当として玉置真人君が訴えた裁判で、不合格処分を取り消すという原告勝利の判決を言い渡した。判決は、学校教育法施行規則二六条の「児童が心身の状況によって履習することが困難な各教科は、その児童の心身の状況に適合するよう課さなければならない」が同六五条で高校にも準用されること、および現行高等学校学習指導要領第一章第六款六の七に「心身に障害の生徒などについては、各教科・科目の選択、その内容の取扱いなどについては、必要な配慮を行い、生徒の実態に即した適切な指導を行うこと」とあるのを用い、国のレベルで心身に障害のあるものが入学してくることを想定しているといい、体育の授業に当たっては履習できるよう工夫すべきであると示している。

しかし、この判決には矛盾がある。障害をもつ者のなかには養護学校高等部も適当な場合があるが、学力に問題がない玉置君だからとしている点である。判決が用いた二つの条項はいずれも身体障害ではなく心身にとしている。心の障害は主として精神障害や知的障害をいう。

学習指導要領には教育課程は学校で編成すると明記している。履習できるための工夫は体育に限るべきではない。すべての教科でなされるべきである。

事実みんなと同じテストではほとんど点数がとれなくてもつきあってくれる教師がいて進級・卒業している人がいる。トラブルがつづいてもこれが娑婆だと愉快に過ごしている人もいる。

しかし、定員内不合格を許さないとりくみのなかで入学した人のなかには単位がとれないまま一緒に入学した人たちと教室だけ二年生・三年生と移動している人がいる。学校は卒業証書に代わる物をくれるというが……。真摯につきあってくれた教師は何らかの評価をしてくれるものであるが、その関係が成立しないまま一年生を繰り返している人もいる。東京の伊部朝子さんは五年目、梅村さんは四年目の一年生である。埼玉には七年目の一年生がいる。納得できる留年ならそれなり充実感があろうが、処分としての留年には不満が募る。多くの高校がもつ「二度留年したら進路変更を奨める」という内規もまだ学びたいという意欲の前には力を失っているが今後の目途はたっていない。少なくとも高校の側が変わるしかないだろう。

大阪をはじめ関西では障害児の受け入れに当たっては物的・人的配慮が行われ、施設などの改善とともに加配がつけられ、介護や学習面での入りこみやとりだしが行われていて全国の仲間から羨ましがられているが、これは同和教育の学力保障の伝統があってのことであろうが、障害児も共に学ぶのが当然という前提があって成りたつものである。そのような伝統や前提のない東京などでは形の上では似たようなものであっても管理の強化に繋がるとして拒んできている。

さし当たり学校を障害児もふくめてすべての生徒にとって居心地のよい所にするところから始めてほしい。居心地よくいる子と向きあったとき、自らてだては見えてくるはずである。

障害をもつ高校生たち

障害者の進学　大学も認めて

高校生　松下大介　18（川崎市）

僕は「知的な障害」があるといわれていますが、県立の普通高校で楽しい学園生活をおくっています。多くのことを学び、大勢の人と知り合いました。大学にいって学びたいという強い希望を持っています。

夏休みになって、ある大学の入学相談に行きました。すると、僕を見るなり「うちの大学に来てもらっては困る。大学はたくさんあるからほかへ」といわれ、話さえも聞いてもらえませんでした。

今までにも様々なところで、「障害」を理由にはじき出されてきました。高校を受験するときにも「養護学校へ行け」といわれました。でも地域の高校にどうしても入学して勉強したかったのです。僕の気持ちを一生懸命考えてくれた人たちのおかげで、現在の高校に入学できました。テストでは相変わらず点数は取れないけれど「勉強したい」という気持ちはだれにも負けないつもりです。

それなのに「点数が取れないのになぜ大学か」と入学相談でいわれました。「障害」のある僕だからこそ出来たり、考えられたりすることをキャンパスで見つけたいのです。道を開いてくれる大学はないのでしょうか。

'95年八月下旬、新聞の投書欄に載った右の文を覚えている方も多いと思う。障害児も共に学ぶことをめざしているいくつかのグループでは機関紙にとりあげていた。もうこうした時期なのだと励まされ普通高校に挑戦する息子を支える決心がつきましたという母親もいた。

しかし、直接の反響は二件で、いずれも放送大学に行けばいいというものだったそうである。

大介君はがっかりしたり、悔しがったりしながらも諦めず、「八月十六日玉川学園の通信の入学相談にいった。係の人と話した。『施設がないから怪我をしやすいから困る』とか、『これからも設備は作らない』とか、『体育ができないからだめです』とかいろいろ言っていた。ここも嫌な学校だと思った。

暑くて、汗だらけになった。暑いのに行ったのに、嫌だった。僕はそんなに変な人間に見えるのだろうかと思った。

高校では体育もしているし、設備がなくても困っていないし、なんで僕を見ると設備と言うのかと思う。設備よりも人間の気持ちだと思う」

というように大学めぐりをしている。

広島のダウン症の陶山範子さんは高校を卒業し、修道大学の履習生をしている。

「習志野ともに生きる会」の機関紙には大学教師らにより知的障害者にとっての大学が論じられたことがある。

兵庫県神崎郡に住む草津良君は、車椅子生活で全面的に介助を要するが、定時制高校二年生である。

就学前病院や施設にいたが、金曜日と土曜日に通う幼稚園が楽しくて、この友達と一緒に地域の小学校に行きたいと思っていたが、養護学校に入れられてしまった。中等部を終える段階で、先生はわかってくれないし、訓練がいやだったので普通高校に行こうと思ったが、養護学校は勝手に高等部に願書を出したりして妨害した。まわりの先生がとりあってくれないなか神戸の「えんぴつの家」で定時制のことを聞き、進学を決心する。そしていろいろ大変だったが、支えてくれる人々もいてテストも無事終え、希望の姫路北高定時制に入学する。入学当初のことを草津君は次のようにいっている。

「入学式は期待と不安で胸が破裂しそうでした。誰も知りませんでしたが、段々なれてきて食事の介護からトイレの介護まで全部友達がやってくれてラッキーです。でもここまで来るのに苦労しました。先生が友達と僕との関係を邪魔しようとして大変でした。僕が友達に頼んでいるのに先生がやってくれるから、僕は困り、なんか分からんけどしんどかったです。

だけど先生がいない時を見計らって僕の前の人に頼んでみました。『手を袋の中に入れて』と言ってみると『手を入れるのどうやったらいい』と言ってくれたから、この人やったらいろいろやってくれるなあと思いました。僕はまた違う人に声をかけてみました。『食べおわったらでいいから、ご飯食べさしてくれるか』と聞いてみると『うんいいで、でもどうやって食べさしたらいいんや』と言ってくれてとてもラッキーでした。

でも断わられることもあります。『あのちょっと用事があるから』とか『ごめんなごめんな』といって聞いてくれないこともあります。けど僕はこの人がダメならあの人にと頼んでいます。僕なりにいろいろ考えているつもりです。毎日なるべく別な人にご飯を食べさせてもらってコミュニケーションとったりして頑張っています。

僕は先生達がブツブツ文句をいわなかったら、平和な日々がおくれるのにと思いながら学校に行っています」

学校は学校で生徒にまかせて何かあったらという不安もあるだろうが、介護は親がやるべきだという意図があるようで二学期になると友達が介護しようとすると先生が止めるようになってきた。

「九月二十八日、給食を食べていると知らん先生がやってきて『時間がないからこいつの介護せんでええ』といった。それで友達は介護をやめて、僕は給食食べられなかった。それで校長先生に直接話をしようと思い友達に車椅子を押してもらって校長室まで行った。ノックをしたら校長先生が出てきて『ここまでどうやってきたんや』というから『一人できました』と言うて中に入って二十八日のことを話しすると『それやったら親に介護してもらわなあかんなあ』と言うから『それは今までにも話したとおり困ります』といったけど、校長先生は全く耳を貸さず『もう時間やから、はよ教室にいけ』と言うんや。僕は『先生ちょっと待って。まだ話したいことがあります』と言ったけど、無視して車椅子を押して校長室の前の廊下に置いたんや。僕は校長室の前で待っていてくれた友達に車椅子を押してもらって教室に帰ったけど、言いたいことが言えんかったのと、僕がしゃべっているのに部屋から追い出したのには腹がたった。

二学期になって先生たちは一層僕を友達から離そうとしている。それで離れていく友達もいるし、身体もしんどい。

だけどそうなればなるほど友達との繋がりが深まっている。いつも重い僕を介護してくれる友達にありがとうって言いたい」

彼はめげない。めげないどころかいじめられている友達の問題にも黙っていない。

「二年生になって新しいクラスになった。学校の配慮か知っている顔は一人もいない。しかも一年の時殴られた人（T）の隣、最悪の事態と思ったが、先生は書けといって書類を配る。もうなるようになれと思って『ごめんやけどこの書類書いてくれへん?』とびりながらもなるべく明るくいうと『お前草津やろ、校長や先生にいろいろ文句いっとるらしいやんけ』という。『そうなんや』といったら書類に手を出して書いてくれた。

今はいつもTと二人で授業中しゃべっている」

あんまりいい高校ではないらしいがこれが今日の姿婆の高校である。草津君は高校生活を謳歌している。

中学時代あえて自分だけの勝利をめざさず「特殊に行くか、普通に行くかは本人・親がきめる」と法廷で主張した山崎恵さんも、いまは留萌高校定時制二年生。問題はいろいろあるが毎日が楽しい、これが当たり前という。

おわりに　阻む動きもあるが〝共に〟の流れを押し戻すわけにはいかない

文部省のかけ声で各県で入学者選抜制度の「改善」がさかんであるが、実態をみるとスローガンの「偏差値体制打破」「受験競争の緩和」とは程遠く、却って有名進学校の強化や新しい進学校づくりになり受験競争は一層激しくなっているようである。たとえば推薦入学。職業科だけでなく広く普通科でも行われるようになってきているが、競争を緩和するどころか、複数受験の機会が増え進学校の応募者を増やしていて、文部省のいう改革は名門校の蘇りに利用されており、障害児や遅れた子にとって高校の門は狭くなるばかりである。それに各県とも中学卒業者の減少を理由に入学定員を減らしつづけている。

日教組高校準義務化促進委員会・同研究協力者会議は'95年九月に「高校教育改革プラン」を提案した。期待をもって読んだが、実現したら障害児も入りやすくなるだろうなあという気はするが、閉ざされた門の前に立ちすくむ子や、入っても点数がとれないからと進路変更を迫られつづけている子に直接勇気を与えてくれるものではない。障害児も視野に入れさらなる検討を望む。

一方、地域によっては普通高校に入れないことを前提に、あるいは普通高校が障害児にとって居心地のよい所になり得るはずはないとして養護学校高等部増設運動がつづけられている所がある。――障害児にとって居心地のよい所は誰にとっても安心していられる場所である。

また世界的な統合教育の流れのなかで分離特殊教育の生きのび策として軽度の障害児だけの高等養護学校づくりもさかんである。東京でも'96年度から都内全域から十六名を選抜する産業技術科が発足する。

高校にも特殊学級を設置するようにという運動も根強くある。このような状況のなかで、高校をめざす障害児が増え受験時の配慮が若干進んだとはいえ学校の受け入れ態勢がよくなったわけではない。待っていても入れるようになるわけではない。いい所を探すのではなく、創り出すことをしなければならない。

本人についていえば、高校はみんなが行くのだから行くのが当たり前と思うなら〝行く〟と決心するところから始まる。

そしてなぜ高校かを丁寧に学校に伝えていかなければならない。急速に運動が進む昨今、親や支援の意気込みがさかんであるが、意気込みだけが届くと学校は構えるばかりである。あわせて思いを届けなければならない。

学校についていえば、もう〝共に〟の流れを押し戻すことはできないのだから受け入れるところからしか始まらない。入れても十分なことができない、卒業後も心配などと奇特なことをおっしゃる方もいる。しかし、考えてみれば、満足のいくつきあいができた子など数多くはないはずである。教師とは子どもの成長の過程につきあうものである。三年～四年という限られた歳月をお互いに納得できるつきあいをして、次につきあってくれる本人の望む信頼できる人にバトンタッチすればよいのである。

（北村小夜、『教育評論』一九九六年一月号）

七　私にとっての教研

日教組といえば、よくも悪しくも私の日教組なんです。だから日教組が変身すると困ってしまうのです。日教組がこんなことをするはずがないと、いろいろなところで、「なんでこんなことするの」と日教組批判をしてきましたが、それは本当の愛国者が身を呈して国に忠告するのと同じことなんです。本当の愛国者というのは、へつらって従っていくのではなくて、本当の日本人なのだから、組合員なのだから、日本（日教組）が誤った方向へ行こうとしているのに対して、「それは違うのではないか」と言うことであって、それはとても大事なことだと思っています。

「私と日教組」（『教育と文化』四八号、日教組　国民教育文化総合研究所刊）にも書いたことですが、今も昔も国に対して注文をつける人に対しては「非国民」と言いますが、このような人こそ本当の愛国者だと思うのです。それと同じで、私が、教研の場で自主研をやったりしていると「反抗している」と言われます。それでも言い続けるのは、「憲法、教育基本法（四七法）に基づき平和・人権・環境を守る民主教育の確立をめざして」活動してきた日教組、五一年からは「教え子を戦場に送らない」というスローガンも掲げてきた日教組が、時代の流れの中で揺らいだり手をこまねいていては困るのです。だから、未だにこうしなければと言ってるだけのことなのです。

教師を退職して組合員でなくなって二五年経ちますが、教育基本法改悪のときにも、国会の前で「日教組が頑張れば『改正』は阻止できる」というビラを配ったりしました。それぐらい「日教組の私」「私の日教組」という想いです。

その日教組の具体的な活動が教育研究活動です。それぞれの地域の教育実践が分会から支部教研、県教研と積み重ねられて教育研究全国集会に持ち寄られます。そこでの報告は、かつては全国民的に期待がもたれていました。マスコミも大きな関心を寄せていました。

たしか六八年の第十七次新潟教研のときだったと思いますが、パスポートを持って参加した沖縄の仲間は、それぞれ嘉手納基地に隣接する井戸の水を小瓶に携えて来ました。分科会が始まるや彼らはそれを灰皿に空けて火を付けました。ガソリンを含んだ水は炎を上げて燃え上がりました。会場にいた者はもちろん、報道によって多くの人が占領下の沖縄の一端を知ったことでした。

土呂久の鉱毒を告発したのも教研でした。宮崎県高千穂町土呂久の岩戸小学校に赴任した斉藤正健さんは、廃業した鉱山跡で遊ぶ子どもたちの体位が劣っていることに気づき、仲間の教師と共に調査を始め、鉱毒に行き着きます。宮崎県や医師会が土呂久公害を埋め戻そうとするなか、斉藤さんは七一年の宮崎県教育研究集会に、次いで日教組教育研究全国集会で報告します。当然マスコミを通して広く知られ社会問題になり、被害者たちの人権回復闘争に発展しました。

公害の分科会は七一年、第二十次教研（東京）から設定されました。その前から四日市、水俣、新潟、富士などから地域の取り組みが社会科や理科、家庭科、保健などの分科会に公害問題が報告されていましたが、どうしても単発的でした。公害分科会が設定されるや非常に関心も高まり、一年に一度の集会だけではなく現場に即した共同の研究をしようということで、「公害と教育研究会」が結成され、公害現地での研究集会などが自主的に行われてきました。これも一つの自主研ですが、これはお墨付きの感がありました。

昔から教研に行けば自分の実践が確かめられ、より豊かになるというか、何か得するような期待がありました。障害児教育は幅広くいろんな問題が持ち込まれますので、発達保障論の人たちと論議するだけが目的ではなく、必ず何か教えてもらえるという期待がありました。

共同研究者になってもその姿勢は変わりませんでした。九三年の第四十二次秋田教研から九年間、共同研究者を務めました。もっと権威のある人が欲しいという声も聞こえましたが、同僚であったことから発言がしやすく議論が一層盛んになったように思いました。

引退しようと思ったのは喜寿を過ぎて、もともとあまりよくなかった聴力が衰えてきたからです。このような会議では指名されてマイクを握った人の発言を聞き漏らしてはなりませんが、私は、それに思わず反応する会場の雰囲気、うなずきやつぶやき、ささやきも無視してはならないと思っています。その大切なつぶやきやささやきのような部分がうまく聞き取れなくなったのです。

辞めるにあたっては大谷恭子弁護士を説得して推薦しました。この時期、障害児教育分科会の共同研究者には医師の石川憲彦さん、大学教員の堀智晴さんがおられました。そこに大谷さんを迎えることができたのは幸運でした。できることなら私に代わる現場経験者を据えた上にプラスして大谷さんを迎えられればなおよかったのですが、組合員減少で財政難の日教組にその余裕はありませんでした。

私が共同研究者になったのは日教組と全教と分かれた後なので、すっきり「共に学ぶ」という論理でやれるはずだと思って気軽に引き受けたのですが、なかなか思うようにいきません。立場としては「共に」に立ちながら、どことなく発達保障論的なものが付きまとっているようなものや条件整備を求めるようなレポートが少なくないのです。どうも、職場の管理体制がどんどん厳しくなってくるときで、職場でのしんどさが、障害児との付き合いもしんどくしているかもしれないと思いました。全教の人がいなくなった教研の場では、前提として障害児を分けるのではなく受け入れて、もう現場でやるだけの話であって、難しいことは何もないはずと思っていましたのでずいぶんいらいらしました。今振り返って考えると確かにそういう時期でした。

思い出すのですが、六九年の第十八次教研（熊本）の帰りのことです。当時はどこへ行くのも列車でした。特急寝台はやぶさに乗り合わせた四人で分科会の話などをしていたのですが、そのうち向かい側の席の女性が「うちの学校は農村で、私は子どもが小さいから四時になったら急いで帰るんですが、『先生はいいね』って農家の人にあぜ道で言われるのです」と言うのです。彼女にしてみれば、教研の分科会で話し合われた授業実践より大事なことだったのかもしれません。労働者の権利として守るべき条件でしたが、引け目を感じながら守っているだけで、「みんなも四時になったらおっぱい飲ませに帰ろうよ」とか、「みんな四時に帰っておっぱい飲ませてゆっくり夕ご飯の支度できるようにしようよ」という取り組みはできなかったと思います。組合運動の中でそういうこともついでにやらなければいけなかったのだろうと思います。

もちろん、教研には職場の民主化とか地域との連帯などという分科会もありましたが、やはりそれも教師の権利を守るという傾向でした。教師が四時に帰るのは不届きだということになるのは、それから間もなくです。そして、夏休み中に教師が学校に来ていないのはおかしいという話になっていきます。昔は夏休みに先生が学校にいないのは当たり前だと思っていたのが、相互に監視し合うということになってきて、労働者・市民同士が監視し合う世の中になっていくんですね。こういうことが上からだけではなく、自分たちの回りで起きてきて、時代のそうした動きの反映、しわ寄せは一番しんどいところに来るわけですから、障害児が普通学級でしんどくなるのは当然です。そこに能力主義が一緒になって養護学校への勧めはさかんになります。その流れに乗っていると教員も分けることへの抵抗がなくなると思います。

私が教員になってしばらくの間は、できることを目指しても、できることがいいことで、できないことが悪いことという感覚は余りありませんでしたが、いつの間にか排除の論理がまかり通る世の中になりました。そのなかで、それに抵抗しながら一緒にやっていこうと呼びかけることは難しいことです。日教組もそういう呼びかけをしなくなりましたし。そういう難しい子を入れるのだったら、介助員をつけなければいけない、手当てを増やさなければいけないという条件の話になってしまう傾向もあります。

障害者が社会に出るには、三つの壁があると言われます。一つ目は物理的な施設設備の壁。二つ目は制度の壁、三つ目は意識の壁、すなわち心の壁と言われています。それは障害児が学校に入るときも同じだと思うんです。エレベーターがなくてもスロープがなくても、皆で担いで行けば二階に行けます。養護学校が義務化されても学校が受け入れれば地域の学校に行けます。すなわち壁は意識＝心です。クラスに障害児がいて全く負担ではないとは言いませんが、5＋6ができて嬉しかった、もう一年一緒に勉強したいと言う高校の先生も現れます。負担だったか良かったかは心の問題です。この子がいてくれたおかげでクラスのまとまりができた。豊かな実践ができたという報告はたくさんあります。美談にされるのは迷惑ですが、この子もうちの学校の、うちのクラスの子と思うか思わないかが、施設設備や制度の問題より前の問題であることは確かです。

日教組に心を入れ替えなさいという運動は成り立ちにくいです。それに心が入れ替わるのを待つわけにはいきません。とすれば、ちょっと冒険的ですが地域の学校は地域の子どもが当たり前に行くところですから、当たり前に入っていくしかありません。快く迎えられたからといってうまくいくとは限りません。何の構えもなく迎えられるといいのです。そこでは厄介だという教師に出会うかもしれませんが、そのうちどうせ付き合うなら少しでもいい関係にと思うようになるかもしれません。いろいろあるのが娑婆ですから。

教研集会障害児教育分科会の問題の一つは、日教組の障害児学校部が障害児教育部に替わっても役員・部員が特別支援学校の教員で占められているのと同様、レポーターや参加者のほとんどが特別支援学校の教員や特別支援学級の担任であることです。また特別支援学校や特別支援学級の実践を他の教科や問題別の分科会に持っていくことが必要です。この件については東京都障害児学校労働者組合（都障労組）の人たちが始めていますが、さらに進めて欲しいものです。

資料25　私と日教組（日教組結成60周年特集）

「男がほしかった」と言われた

一九六五年春、異動の内示を受けて大田区S中学校に赴いた。当時あまりなり手のなかった特殊学級担任を希望したのでさぞ歓迎されると思っていたのに、対面するや校長は「男がほしかった」と言った。言われても私は女である。返事のしようがない。「男並みに働きます」とでも言ってやればよかったのかもしれないがそんなつもりはないので黙っていると校長も次の句が継げない。途中で何度か案じ顔の教頭が覗いたが沈黙が続いた。春の日は暮れ易い。明かりを点けに立ち上がったのを機に校長が口を切った。

「ところで先生は組合の方はどうですか？」と。私は即座に「ごく普通の組合員です」と答えた。校長は〝普通〟の意味を取り違えたのか安心したように「そうですか、この学校はみんな普通の組合員ですから仲良くやってください」と言って面接は終わった。もちろん私は普通の組合員だった。だからこそ、職場の民主化に努め、組合の組織会議にも参加して意見を述べ、指令・指示には従ってきたのだが、この分会の〝普通〟は、組合費を納める以外はなるべくネグることであった。私はそれをなんとか普通にしようと、とうとう二二年間いて定年退職した。その間には都教委の異動要綱の変遷などがあったが「希望と承諾」の大原則を貫いた。

教員になったのは一九五〇年、焼け跡の江東区であった。意識することもなく日教組の組合員にもなっていた。物のない毎日は工夫をして凌いだ。何もない時「日の丸」は布として値打ちがあった。黒く染めて風呂敷に使っていた。都電の停留所でその風呂敷包みをお尻に敷いて電車を待つのはありふれた風景であった。五一年の貞明皇后の大喪の儀に「弔旗を掲げて云々」の通知がきたが、読み上げた校務主任（七四年の教頭法制化までは「校務主任」と呼んだ。組合は校務分掌の一環と位置づけていた）が続けて「旗はないもんねー」と言って終わった。工夫のしようはなかった。

そんな時期であったが、反動の嵐が迫っていた。偏向教育攻撃に、平和教育に対する弾圧ととらえ組織をあげて闘う日教組に一体感を持った。

五七年には勤務評定の実施とともに特設道徳が導入され、五八年には学習指導要領が改訂された。各地で文部省主催の伝達講習会が激しい阻止行動の中で開かれた。〈今、私の右腕の内側に縦に傷がある。歳月を経て二センチ足らずになっているが、五九年七月三一日東京学芸大学世田谷校舎で行われた教育課程伝達講習会阻止行動で板塀を乗り越えて参加者の入場を阻もうとして割れた板が突き刺さったものである。闘いの記録と慈しんでいる。〉

官報に告示された学習指導要領は法的拘束力があると称して、教育内容に対する介入や処分が続出するようになる。

六〇年代の全国一斉学力テストには警官が導入された。このあたりが日教組にとっても一つの山であった。続く攻撃の中で組織にも影響が現れてくる。私はここからがほんとうの組合活動だと思うのだけれど、四国四県や北関東の諸県に行くと組合活動があったのはそこまでだという人びとがいる。

さらなる前進を期待して

教育基本法を守るべきものとして組合員手帳に載せた

のはたしか七〇年であるが、七〇年代に入ると攻撃の強さと相まってのことであるが、日教組に守りの姿勢が見えてくる。必然的に批判や要望をすることが多くなる。例えば、教育課程の自主編成を掲げるのだから最もよく自主編成をした伝習館三教員を支援しよう。障害児も共に学ぶ地域の学校づくりをすすめよう。などなどである。最近では教育基本法「改正」反対のとりくみの中で「日教組が頑張れば『改正』は止められる」というビラを撒いた。

伝習館闘争については最高裁判決を受けて三教員が闘争を終止したため救援活動も終止したが、教研現地で行ってきた自主研は、教研では語れない本音を語る場として、「日の丸・君が代」問題交流集会に引き継がれている。障害児教育については、「改正」教育基本法が能力差別を認め、特別支援教育が本格実施されるいま、「納得しない分離は差別」であることを認識しなければならない。

かって、一教員の報告をメディアが報道して土呂久鉱毒事件が社会に知られたように、日教組教研の実践報告は世間の注目を浴びていた。嘉手納基地周辺の井戸水が燃えることを教えてくれたのは、パスポートを持って参加した沖縄の仲間だった。教研の縮小が検討されているようだが、いまこそ充実が必要なときである。厳しい時こそ文化活動を大切にしなければならない。あわせていく人もの作家を世に送った日教組文学賞の復活も期待したい。

私は批判こそ愛国だと思っている。しかしこの国では非国民と言われる。組織もそうなりがちであるが、二〇年を経てなお愛着を持つがゆえに批判を続けていくつもりである。

北村小夜

（『教育と文化』四八号、アドバンテージサーバー刊）

八　座談会・共同研究者を辞めることにした

――石川憲彦さんを囲んで　（二〇〇七年十二月）

石川憲彦・北村小夜
小島靖子・斎藤幸嗣
島治伸・長谷川律子
松村敏明・山口正和

教研で学ばせてもらった

北村　第三十一次広島教研（一九八二年）で、石川さんはたった一人で発達保障派と言われる人ばかりの中に助言者として入って、私たちは心強かったのだけれど、心細くなかったのでしょうか？　山田真さん（小児科医、日教組教研保健・体育分科会共同研究者、障害児の親）は、石川さんはそういうときは元気なんだよ、むしろ恐らくやめるときのほうがしんどかったのではないのだろうか、と言われました。「共に」の人だけになったはずなのに状況がよくならなくて、私たちもしんどかったのだけれど。

松村さんは、かろうじて連絡が取れる仲間で教研をどうしようかという時期に丁寧に名簿を作ってくれて、それでどうしたら「共に学ぶ」方向に向けられるかということをずーっとやってきた。これは松村さんが作ってくれた名簿ですが、この人たちに事前に連絡をとって、レポートを検討しておいて、対策を練ったわけ。レポートも全部読んで、こうやって丸とかバツとかつけて、毎年十二月にやったわけね。

金井康治君の闘争が続いていた頃、石川さんが広島で初めて共同研究者になったときですが、東京の金井闘争に反対する人たちが大勢来て怖かったです。後をつけられて、私が動くたびに向こうもさっと何人か動くというように。

松村　僕は広島教研は、ものすごく心強かった。広島解放研のメンバーが皆きちんとサインどおりに動いてくれて、そういう元気なときにずーとおったからね、どうして石川先生がボンと助言者になれたのかなあ？　それまでの助言者は教育の人ばかりだったでしょ、お医者さんが来はったということで僕はびっくりした。広島は、ものすごく面白かった。

北村　その前に、助言者で医師が一人いて、亡くなったので代わりに入れられたというのがあったのだと思う。でも、「発達保障派」と言われる助言者六名の連名で、同系統の研究者を推す文書も出されていたなか、石川さんが助言者に入ったというのは、「共に学ぶ」ことをめざす担当者の努力によるものだと思います。確かに広島教研は、森保（俊三）さんたちが協力してくれて、私たちが発言とるのはもすごく大変だった。たまに私がとると、森保さんの子分たちがマイクをしっかり持って、時間がたってもずっとしゃべらせてくれるわけ。それで、「発達保障派」と言われる人たちに渡ると、「時間です」と言って持っていくわけね。松村さんは楽しんでいたって言うけれど、次の年の東京ではどんな仕返しを受けるだろうかとはらはらしながら見ていました。

松村　会場責任者の指示がみごとだった。

島　僕は遠いところにいる人として石川さんを見ていたから、すごい先生がいると今でも思っていますから。

北村　島さんは、いま徳島文理大学の教授で心理の先生ですが、少し前まで文科省の特別支援教育課の調査官をやっていて、文科省が愛想をつかしたのか自分がしたのか、辞められた。教研について言えば、共に学ぶことをめざす徳島の数少ないメンバーだった。誰も連絡先がないというときに、島さんにだけは連絡できたという人です。

斎藤　ぼくは、日教組教研のこちら側の枠づくりに自分なりに参加するのは、かなり遅かった気がする。途中から、小夜さんから連絡係をやってくれと言われて、それを引き受けてからは、手書きで通信（七一頁参照）を職場というか支部の中で作ったんだよね。全教系の人たちの牙城だったから、相当気をつけてやっていかないといけないんだけれど、たまたま印刷したものを忘れちゃって、懇意にしていた人に救われた。

小夜さんがずーとまとめてくれていた名簿を僕が預かって、その名簿を見ながら、月一回か二回のペースで、教研のときは始まる前とかに出したんだけれど、会議のお知らせが主だった。全同教（全国同和教育研究大会、現・全国人権・同和教育研究大会）などを利用して事前の会議をやっていた。全教と分かれてからは、日教組のほうで通信とか全部やってくれるというから日教組のほうに渡しました。

でも、通信を出してくれるというから日教組に渡してしまったのだけれど、あれがよかったのかどうか。「共に学ぶ」は逆に厳しくなった面があるでしょ。要するに日教組の仲間うちで、あの時点でこそ、それまで少なくともあった「発達保障」側に対する緊張関係の継続が本当は必要だったのではないか、というようなことを思いながら、実際には自分でやることがなくなった状態。そのへんから僕も自然と関わることがなくなったけれど。全国に一五〇件くらい手書き原稿を送っていた。

山口　北村さんとは沖縄で初めて知り合って、それからずっとの付き合いです。最初の頃は、先ほどもお話にあったけれど、「助言者」と言ってたじゃないですか、向こうの助言者の人が言うとみんなメモして拍手するし、僕らがモノを言うと帰れ帰れコールで、「青い芝」（脳性マヒ者の団体）の人たちが登場するとまた帰れ帰れコールでしたが、石川さんに助言者になってもらって、向こうも最初は戸惑っていたと思うんですよね。石川さんの言っていたことの意味が本当はよくわからなかったのではないかと思うんだけど。

僕は、石川さんという人はどうしてあんなすごいこと言えるのかなあって、ホンマに感心したこといっぱいありますね。薬飲むのが一般的にはいいと思われているけれど、それは毒を飲んでいるのと同じやみたいなこと、発達保障はいいもんやと思い込んでいるのもそれと同じやと、なんであんなふうに考えて何であああいうふうに表現できるんかなあって、すごいなあと思っていた。

石川さんが共同研究者を辞めるって言われたとき、やっぱりだんだん教研自体が面白くなくなっていたのではないかと、僕はそんなふうに思っていた。僕も北海道の教研のときに、共同研究者の清水寛さんが委員長をしていた全障研が後で大会やるところに一人で行ったりとか、それは面白かったですけれどね。分裂後はあんまり面白くなかったです。先に辞めた篠原（睦治）さん（和光大学教員、一九八三年～九〇年共同研究者）にしても、日教組が分かれるときに辞めるって言ってはったけれど、分裂したのは絶対大きな間違いで、十三分科会もあの人らがおらんようになったら、ぜんぜんあかんなあと。同じことばかり言ってる人ばかり集まっても、仕様がない気がしますね。

広島教研のことが出ましたが、教研のなかで僕がハードだったのは大阪のときで、向こうのほうがちょっとびびっててね、こちらの障害のある女性が突き飛ばされたりもした。向こうはなんかすごくこちら側を怖がっていましたよね。広島のときはこっちのほうが力強くて大きな顔できたけれど、大阪では向こうが多かった。多いんやけれど、勢いの差が、絶対あるなあと思いましたね。

少数だから弱いということはない。石川さんはたった一人で、あれだけ発達保障論の人がいても石川さんの言葉で石川さんの感性で言ってはる。これ絶対使いたいなあというフレーズがいっぱいありましたね。

北村　実際に律子さん（当時：金井律子）が教研に来たのは、水戸のとき（七九年）でした。来られなくても、教研ではいつも康治君のことが話題にずっとなっていて、それが一つの争点になっていた。私たちもそこに寄りかかってものが言えたということがずいぶんあったと思うんですよ。康治君が亡くなってずいぶんたつし。

長谷川　康治が亡くなったのが九九年ですから、丸八年たちます。日々の中で自分自身で封じ込めていたことがあって、今日のこの会に来る前に、日教組との関わりということで康治のことで思い出そうと、康治の本を読み始めたんですが、読むのがまだつらくてだめなんですねえ。自分の中で総括し切れてないのがいっぱいあって。康治が残してくれた、生活して生きてきたというところで、介助の人たちと地域でどう暮らしてきたかを見つめたいと思ったんです。康治が亡くなって、私も歳をとりましたが、ヘルパーの仕事を始めました。介助される側とする側とか、そこに入っていくなかで、介助だけではなくて、六〇歳になって元気で過ごせたってことで自分をほめてと思って、ケアマネジャーの試験を受けました。で今、ケアマネの仕事をしています。高齢者の方が地域でお一人で、独居で認知症になってどう過ごしていくのかに関わり始めて、難問にぶつかっているのですけれど。

地域で暮らすということはどういうことなのか、障害者もそうだけれど高齢者問題、障害者問題は私たちの問題だって、一連の流れのなかで、私の仕事としてこれをしろということを康治が教えてくれた。

教研のことと絡ませると、あの時、「学校に来るな」といろいろ言われて、私にとって一番怖かったのは、千葉での教研で、康治がいて康治の養護学校の担任や教師たちがぐるっと囲んですごい目で見て、あれが怖くて、今でも恐怖であの時のことずっと思うんですけど、梅谷(明子)さん(奈良で普通学校就学闘争を闘った梅谷尚司君の母親)と私とがぐるっと囲まれたりして、そういうことばかり思い出されて、いわゆる助言者の人が、何しゃべっているかなんて、全然頭に入ってこなかった。唯一記憶に残っているのは、広島の教研の雪降るなかでビラ撒きしたり、川沿いを車椅子を押しながら子問研(子供問題研究会。一九七二年、篠原睦治を中心としてつくられた、障害のある人もない人も地域でごちゃごちゃと共に生き・学ぶことをめざすグループ)の丸子(勉)さん(養護学校教員)たちと出かけたりしたことの光景で、何がどうしたというのは私の頭の中では封じ込めているのがいっぱいあって、今、全然出てこないんです。これからお話しするなかで出てくると思うので、振り返りながら、皆さんと呼び起こしていきたいと思います。

小島 教研って、三五年くらい行ったかな。この間皆さんに変えていただいた。義務化以降よね、変わったのは。義務化の前は山梨教研(七二年)に参加して、雪の日だった。古い障害児教育に対して違うんじゃないか、というところから教育の創造とか、今までの発達保障の押し付けは差別なんではないかというあたりから、古い障害児教育じゃないものを発表した。小福田さん(養護学校教員、八王子養護学校でものづくり教育の実践を行う)と一緒にね。

その後、八王子養護学校の中でのいろいろな実践を通して、大阪の山口さんたちに、あなたたちのやっていることは何なの？　という追及もいただきながらいろいろ変わってきて、義務化の問題を養護学校の中からきっちりとえぐりたいという思いで関わってきました。「養護学校解体論」者だってずっと言われてきた。解体するのは、中から解体しなきゃという思いと、なくなったときは喜んで外に出ますということで、義務化の問題をしっかり考えなきゃと、毎年の教研で勉強しながらきたなあと、思っています。

全国教研に行く前に東京の教研集会で発達保障論の人たちとやり合うのが第一戦で、けっこう取り囲まれながら、「出て行け」とか言われて、教研集会に参加するための券をもらうのが大変だった。

レポーターになることは無理で、参加したところで勉強し合えたのが教研だった。今『八王子養護学校の思想と実践』（小島靖子・小福田史男編、明治図書）を見ると、よくこんな本が出せたなあと、自分たちで恐ろしいことやっていたなあと思う。恐ろしいということは別に悪いことしているのではなく、時々その本を持ち出して「ここまでよくやれたなー」と思うことが、なおあったりしています。

その後、養護学校の中で、石川さんや北村さんたちの考えを理解していくんだけれど、自分たちはどうしたらよいのかということが課題となり、自分たちの仲間の中にも理解できない人がけっこういたりして悩んでいました。内部の矛盾を抱えながら勉強をさせてもらったのが教研集会だった。たくさんの人に出会えて毎年、夜の会も楽しみにしてきたなと思っています。

定年になったので、いろんな形で社会に出て行った卒業生たちとどう付き合うかということで今、やっています。就労の問題だとか、障害者が地域で生きるという、今まで私たちが皆さんと言ってきたことが、そのまま行政からの言葉になっていて、これはどういうことなのって思ったりもしながら。でも本当に地域で生きるというのはどんなことなのか、施設から出てきた人たちとグループホームでの生活をやっているんですけれど、そういうことも含めて何が必要なのか、何が足りないのか、パン屋さん（障害のある人と働くスワンベーカリー）も含めて、毎日毎日ひーひー言いながら就労の場づくりもしています。どうやって生活を一緒にやっていくかの課題を一緒に抱えながら、公務員の時期のほうがよっぽど楽だった。今は、きついというのが現実です。この現実をどうしよう、なんとかしなくてはと思っています。

北村　私が初めて東京のレポーターになったのは進路指導の分科会なのだけど、障害児のところでは絶対になれなかった。障害児の問題をもって他の分科会に行ってレポーターになって、他の分科会で障害児の問題も一緒に考えようと何回かやっただけで、いくらがんばっても障害児教育分科会のレポーターにはなれなかったわけですよね。

東京の厳しい状況のなかで、よくもやってきたと思う。教研集会で言えば、『朝日ジャーナル』（資料18、七七頁）に書いたのだけれど、小島さんや小福田さん、墨田の宇津さんとか、そういうヤジを含めてやっと教研の質が保たれたのだと思う。あのヤジがなければ非常に偏った教研になったのではないかという書き方をしたんですけれど、ヤジと言っても、思わず言わなければいけなかったことでした。

障害者の人たちもたくさん来てわめいていましたからね。司会者も「発達保障論派」と言われる人ばかりで、「不規則発言はやめろ」なんて言うと、石川さんが静かーな声で、「障害者が何で声を出すかわかりますか」って言うわけよね。それが効き目あったわけ。共同研究者も全部反対派の人の中で、ああよく言うなあって感動していました。

第三十一次広島教研から共同研究者になった

石川　朝から一日休診で、『日本の教育』（教研の報告書、一橋出版刊）を引っ張り出して読もうと思ってたんですが、昨日の診察中に急性胃炎を起こしました。昔からあんまり緊張すると胃が痛み出す。教研のときも、最初は全然飲めなくなったり食べられなくなったりした。昔は、若かったからそれでも何となくもってたんですけれど、最近は字が目に入ると胃腸が痛み出すようになって。今日もひたすらここに来るまで寝ていたので、読んで準備しようと思っていたのですが崩れてしまって、何も思い出せないまま来ました。

もともと、七七年の夏くらいから、東大病院に来ている子どもたちの就学問題を話し合うために親の会をつくって、そこへ北村さん、小島さん、片桐（健司）さん（品川の小学校教員）に来てもらって話をしてもらったのが始まりです。病院にずっといると、学校現場の話が新鮮で、就学について頭で考えているだけだとどうなるのかというのが見えなかったのが、ああそういうことかって、すっと見えてきたっていうのかな。

七九年から養護学校が義務化されるそうだよっていう話を知り、七八年の春合宿をしたとき金井（長谷川）さんに、康治君の転校闘争の話を聞いた。そんな動きのきっかけとなったのは、Mさんのお父さん、聾学校の先生をしていた七九養護学校義務化阻止共闘会議のメンバーのAさんが、私がMさんの主治医だったということもあって、いろいろ教えてくれた。それでもまだよくわかっていなかったんですけれど、子問研に勉強に行ったらって、Aさんに言われて行ったら、篠原さんに、あんた学校を何だと思っているんだとえらい勢いで怒られてしまった。

当時、私は病気の子が安心して行ける学校はないかと考えていた。入院した子どもが復学するのに苦労し、障害のある子どもがいじめられる。多くの子が勉強についていけないとそのまま放り出され、無視されている気がして、そんなことのない学校があるといいなと考えていた。発達保障論の立場とずいぶん重なる発想で学校を見ていたところがあった。そこを篠原さんは、「学校は子どもにとってのシャバだ」「学校は治療やサービスの場ではなく、生活の場だ」という視点からスパっと切り返してきた。ショックだった。

そんなわけで医者だけではぜんぜん学校のことがわからないから、みんなで集まって話をしようということになり、親子と共に先生たちにも来てもらって、話を聞いているうちに、養護学校を勧められた七人の親御さんが、七八年に普通学級に子どもをやろうと決断するに至った。その後、年に何十人かが教育委員会とケンカして普通学級に入り始める。

その子たちの多くと今でもお付き合いがある。その世代のなかには、「〇点でも高校へ」という運動に関わり、障害者雇用枠で官庁に勤めている子、必死に民間企業に食らいついている子もいる。もちろん養護学校高等部や作業所に行った子もいる。しかし、学校と闘っている間はまだよかった。今気になっているのは、ばてていきている人たち。「ばててきた」というのは、最近、発達障害者支援法が通るか通らないかの時点から、「軽度障害者」という新たな障害者が想定され、障害者間競争みたいになってもいる。同じ障害者でも「向こうはよく働くね」って障害者の中での比較という問題が起こってきた。

そういう圧迫のなかで、例えば公務員で福祉関係の窓口やっている人などは、そういう差別を自分が感じて心を痛めて他の障害者のために動こうとすると上からつぶされる。逆に「できない」と居直ろうとすると今まで培った権利を奪われそうになる。そういう軋轢のなかでストレスを感じている状況がある。発達障害者支援法・特別支援教育がやばいという状況が起こってきたと感じている。

話が急に飛びましたが、何で医者がそこまで就学にこだわったかということに、もう一度戻ります。

一九七六年頃、イタリアから肢体不自由の世界的な権威のミラーニ・コンパレテッィがやって来た。あれが大きかったんです。彼はずば抜けた神経学者だったけれど、驚くほど社会的に行動する人だった。フィレンツェの施設長になるや、自らの施設を解体廃止し入所者をすべて家や街に帰してしまった。何で彼があそこまですっきり言い切るのかわからなくて、たまたま他の機会もあったからフィレンツェに一週間居候させてもらった。彼が言うには、「パルチザン活動で、俺の友達は全員死んだ。今生きている差別状況のなかで、人間が何を目的に生きるのか考えれば、障害者闘争に関わらないとしたら、ナチスのユダヤ人差別と同じことになる」。

そんなんで、彼も牢屋に入れられかけたりしてきたんだけれど、そんな話を聞いたときに初めて、何となく、ああそうかってわかった。彼は医者として人と関わることの意味を、医者って何なんだってあたりを含めてかなり突っ込んで語る。それはびっくりした。特に医者が反差別闘争に顔を出すっていうのがね。私もうさんくさい医療闘争っていうのには多少関わったんですけれど、何となく変だなあっていう思いがあった。例えば、未熟児網膜症（当時の呼称、現在はＲＬＦ）の話になったときに、網膜症患者の団体の多くは結局目を奪った医療に対して文句を言うんだけれど、学校問題には、口を閉ざしている。でも何人かは盲学校に行けと言われて「目が見えなくて何で悪いんだ」と言う。当事者は、片方で「なんで目を奪った」と言いながら、片方で「目がなくて何で悪い」と主張できる。でも、その矛盾に医者は引き裂かれるわけです。だから就学問題って、医療闘争に関わる小児科医の間ではなかなか通らない。そういう状況があるなかで、ミラーニの「なんでパルチザン闘争を闘ったか」「人間が何だったのか」という議論はすごく新鮮だったんです。で、医者の運動もそういうのもあるのかと思って、そんななかで教研の話をいただいて、教育のことは何もわからず一人で入っていくのはエー！　という感じだったけれど、いずれ篠原さんが入るということになっていたので、それなら何とかなるなって、最初はそんな感じでした。あそこで一人でどんな風になるのかって、なまじ何も知らなかったことが強みだった。

篠原さんが入りやすくなるためだと説得されて、行ってみたのが広島の教研で、さすがに「助言者」なんて呼ばれ持ち上げられているから（当時は共同研究者は雲の上の人だった）怖さってあまり感じない。逆に高い席に座っていて、金井さんのところが来ると「帰れ、帰れ」コールがあって、それに対してヤジがあって。ヤジを聞いていると、ヤジの中はいい話がいっぱい飛びかっているわけでしょ。

ただ、ヤジに対して追い返す側の集団の中にいるのは、やたら胃によくなかったですね。そんななかで、ついいろいろ言いたくなってしまう。けれど、あまり言っちゃいけないと思った。何でかというと、当時の助言者というのはものすごい時間取ってお説教を長々として、みんなを誉めていくわけですね。助言者は八対一で、だから私一人が発言して金井さんを支持しても、後八倍分「帰れコール」の側を誉める発言が続くと、全くインパクトがなくなる。

一回目は私はあまりしゃべらなかったんですよ。ただひたすら「教員の自主的な集会なのに助言者ばかりしゃべったら先生たちのしゃべる時間がなくなる。助言者は時間をなくすより、もう少しちゃんと先生たちの話を聞きましょう」って、教員の自主的な集会でしゃべり過ぎる助言者を批判した。これは、他の助言者もみんな飲まざるを得ない。全員で最初はすごく手厚くもてなしてくれた。ただ、会議で本心を発言した瞬間からムードが変わってしまった。（笑い）

本心を言わなきゃいけなくなったのはヤジの問題。ヤジに対して司会者が議論を打ち切って「いま、ここでのヤジの不規則発言は認められない」ということで、司会者と助言者が集まって相談するんですよね。ヤジは民主的に選ばれたレポート提出者の権利を侵すなんて主張ばかり出る。それに対していろいろ議論していくなかで、私が「こういう差別発言も聞こえたから、その問題も同時に相談しなければやばいですね」と言うと、民主的な先生を批判するヤジグループを排除する方向に決まりかけていた話がすっと流れる。そんな感じでしたね。

何で共同研究者を辞めたかというのは、特別支援教育が降りてくるなかで、闘う方向が変わったと感じたから。助言者として入った当時は、第十三分科会をなくすというのが目的で、それまではいてくれという話だった。それが特別支援教育が入ってきたところから、どうも見えない。見えないのは日教組が見えないとかいうだけではなくて、文科省を含めて、みんな見えなくなっちゃったということがあると思うんですね。私自身もこれまでの発想ではどうすべきか見えないところがあった。

それでも何で続けなかったかと問われると、体力が落ちてきて皆と飲むのが面白くなったというのが一つある。もちろん障害者の八木下（浩一）さん（脳性まひ、元全障連代表幹事、就学運動の末、二九歳で地域の小学校に就学）と酒飲んだりしたのは、胃を壊して酒が飲めなくなってからも楽しかった。彼は「石川さんよ、あんたとオレが同じこと言ってもあんたは日教組から金もらい、オレはヤジもらう。それくらい、あんたよりオレは偉い」なんて、実に心地よいことを言ってくれる人だった。体力が落ちてきただけでなく、彼のような人がだんだんいなくなり、一回教研に行くとその後ガクッとしばらくは疲れちゃうという体力的問題もあって、それがまあ退いたって経過です。教研に行った期間は一九年だった。

独断と偏見で言うならば、本来特別支援教育は発達障害と違う文脈から出てきたインクルージョンへ向けた話のはずだったとする議論はわかるけれど、私は欧米の状況から見て、差別を強化するだろうって、一九九〇年頃から教研で言ってきた。だから特別支援教育の議論になった頃から、乗れないって感じ始めた。それは篠原さんの議論とも結びつくんだけれど、篠原さんは、子どもの権利条約に関する評価で「成文化した社会が成文化を大前提に障害者や子どもを選別し差別していくという現状への批判なしに、成文化を全肯定した上でできる子どもを救おうというのは矛盾だ」ということをずっと言ってこられたと思う。そこが「学校は生活の場だ」と、昔私を批判されたのと同じところからずっと続いている議論だと思うんです。

特別支援教育がもたらす現実

石川　私はそこはそのとおりだと思うけれど、現実には医者なので、使えるものがあったら使うという世界に生きているから、心では同調しつつ、現実は半身の構えでいたわけです。しかし、それも特別支援教育まで行ってしまうと、際限なく特別を認めていくことになり、結局差別の細分化しか残らない。特別支援の中に行き出した子どもにとってみれば、教室が遠くなっていくという現状は今、如実に大問題になってきていると思うんです。

完全分離に対して闘えた親たちも、支援のため部分的分離による特殊化にはだまされていくと言うのか。だって、支援をすごくいいことのように思うわけよ。それをいいことではないということをどこで言えるかというと、分けることは差別だという言い方しかない。それは、これまでともっと違う段階にある。すでに学校教育総体が序列化され、分相応の教育で分断されている。この分断のなかで、発達障害というものが特殊化され出した背景には、近代社会の階層分断の行く先が見え始め、気がつくと一割の（アメリカを見ても中国を見ても一割の）人間だけが支配して、後九割が被支配者になっていくことへの不信が高まっている社会不安がある。

そのなかでなんとか一割に這い登ろうとする中産階級と、それ以下の様々に分断されていく人の落差がどんどん開く。この不満への正当化のために、病気による分断の正当化というのは社会防衛上強力な武器になる。半分人を救いつつ一番見事にソフトに人を管理していく手段になる。ドイツとかアメリカでは二割から三割の子どもが発達障害とされる現実は、現代社会が急速に人間を受け入れられなくなっていることを示している。しかし、「うまく支援すれば、エジソンやニュートンにもなれる」などと言う人たちが、今回発達障害者支援法をつくっていった親の会をリードし、障害者差別を推し進めた。

そういう運動が強くなっていくなかで、教員集団にとってもそういう論理は受け入れやすいわけで、教研の場で議論の方向を変えた。私のような医者の立場から発言していくレベルではなくなっている。それはどうしてかと言うと、今回のリタリンの問題がいい例だと思う。私は、三〇年前からリタリンの問題を、「あれは覚醒剤で、覚醒剤を使って子どもを操作している点で、医療も教育もアヘン戦争と同じ人間に対する最大の虐待だ」とまで言わないと親たちに通じない日々を送ってきた。それが、この数カ月、急にマスコミから取材を受けるようになった。そういう意味では、科学的な医学の必要性という点では私の主張も受け入れられ出した。しかしそれは、安全性の議論にすり替えられ、差別問題のほうは切り捨てられる方向に収束している。

もちろん科学的にも問題が残っている。今度コンサータというリタリンと同じ成分のものが出た。実はリタリンは飲むとバーっと一気に吸収されてしまうので、覚醒剤効果が出る。コンサータは、徐々に徐々に腸中で溶けながら成分が出るようにされているから、覚醒剤効果があんまりないとされる。しかし、リタリンと違い、覚醒剤のような部分がなくなることになっているのは良いとして、その他の副作用はリタリンと変わらない。その上、薬で人間の行動を支配してその上に成り立つ教育って何なのかという問題は不問のままだ。

なお、薬が使用されてアメリカのＡＤＨＤ（注意欠陥・多動性障害）の発生率は一挙に倍増している。もともとアメリカはＡＤＨＤが多かったんですよ。それでも一九九〇年代は一～二パーセント、二〇〇〇年代になって四パーセント、二〇〇五年から八パーセントとうなぎ登りに増えている。薬は分断支配の道具なんです。政治的に言えば、政治家が単に被差別者を分別していくだけじゃ不十分。背景に、医学的にいかにもそういう子が増えているという大衆的理解が必要になる。人間が生物学的に変わっていないのに、何でそういう子が増えるのかと言うと、社会的に分断をつくっていく下部構造が医学を利用するからです。

生まれるときから育っていく経過すべてを含み、教育全般に染みとおっている、「そういう子をそういう子らしくはじき出す」構造がある。奴隷制社会では、いかにも奴隷にふさわしい人を生み出す構造がある。奴隷制支配は単なる階級支配の構造じゃなくて、奴隷にされた人は、より奴隷らしくなっていく教育構造が貫徹されてくるわけで、それと同じことが、今も形を変えて起こっている。

一言で言えば、情報産業社会というのは、携帯電話に例えるのがいい。あれほど高精密の機械だけれど、機械としてはタダに近い値段で売る。つまり機械としての存在感がない。万年筆には存在感があって愛情も感じる。携帯は発してくれる機能だけが問題で存在自体としての価値を感じさせない。人間でも、イチローという個人の存在よりは、彼が出すプレーが売れるという同じようなところがある。実はつい最近までの重工業の時代というのは、人間を機械化して人間の存在を非人間化するけれど、まだ人間の存在そのものを重視したと思うの。

だけど今の社会は存在を軽視して、その人が発している何か才能といったような機能を重視する。そこで言われる学力主義は過去の学力主義と違うわけで、存在しない目的を自己実現しなければいけないみたいな強迫的構造をとる。急激な産業構造の変化のなかで、はっきりと権力としての支配階級が見えない格好で、権力が交代している。その支配階級の交代に見合った形で、情報産業社会と特別支援教育が同時に起こってきている。そういう構造変化のなかで、私は九〇年代までの機械工業主義的で分けられた形の過去の障害に対する差別問題（存在の平等）を、もう一歩掘り下げて、今日の差別にまで深め切って指摘できなくなった。教研の場では伝える内容でなくなったなあと感じている。

話を戻すと、そういう構造の中で、だからこそ共に生きるということ（分離しないで、抽出もしないで人間が、できようが・できまいが、篠原さん流に言えば生活の場、娑婆で生きること）が本当の意味で大事になってきているのに、大人も子どもも生身の存在としてお互いがいるってことが今の学校にない気がしているんですよ。

昔の学校も管理教育や何かで生活の場としてきついなあというところが多々あった。でも、まだ学校は生活の場だよと言えば教員の中にも、なかなか自分の教室はそうなっていなくても、本当はそうでなきゃなと思える下地があった。少なくともそういう幻想を、私は教育者にはもっていた。

学校の教員にとって、今はそんな考え方はエー？という感じでしかない。そういうことを言う先生はいないというか、そういう先生がいると干されちゃう。たまに、いいなあと思う先生がいるけれど、そういう人が親から悪く言われる。ああいう先生は教えてくれないとか、うちのクラスは学力上がらないとか。そんなクレームを教育委員会経由で圧力として教員にかけ、見事にはじき出す。国家に対してもの申す存在として、ぶつかっていく発想とは違うところから考えないと見えない気がしている。実際はどうしていったらいいかよくは見えないんです。国家があって、国家の中で教員の組合があって、世界的に教育全体を国家主義みたいなものが支配している。総体として過去と違う方向に走り出している方向に幻想をもつ、一割のリッチな層が世界を支配するようないびつな状況下で、人と人との関係をもういっぺんどう再構成できるのか、私自身が教研の場で表現し切れない。

前は発達保障論の人でも、そこは問題を一緒に考えられた気はしていたんですけれどね。日教組と全教に分かれた後もまだしばらくはそういう感じは残っていたけれど、特別支援教育に向かっていくなかで、皮肉なことに教育全体が「学力低下を問題にする学力主義」に流れていって、組合もそれに乗った。

人間は生き物で自然に依拠して生きているわけですよね。必然的に人間の学力というのは、人間と自然との関係に規定されている。近代の学力を支配する合理主義って、人間の中の限られた能力で、小島さんの言う「人間の知能なんて人間の中の一パーセント」なんて八王子養護学校の言い方は、極めて正しい。そういう合理主義という人間のもっている一つの見方は、常に自然という、人間が生き物として全面的に依存しているところから切り取ってくる還元性をもつことで力になってきた。人間自身のやり方で切り取っていく部分を個々が全体に戻して、再吟味するところから学力みたいなものの基礎が形成されてきたわけですよね。私は学力全部を否定する気はないけど、その切り取りをしていくベースにある自然と人間の関係が断たれてしまっているのが今の日本だと思う。ここを変えないと、人間を生かす学力なんか育たないのは当たり前。

それが正に、発達障害が出てくる背景です。さっき言った新しい支配階層とは何かというと、存在の軽視、つまり自然のルールを離れて、人間が、人間だけのルールの中でものを組み立てていくときに登場する携帯電話のような武器を支配する権力層です。いつも言う例で言えば、ＡＤＨＤが何で問題なのかといったら、自然の軽視と人間のルール優先の社会です。チョコチョコと落ち着きがなく動き回り、刺激があったらパーっとそっちへ飛んで行くというのは、生き物としての子どもが自然界で敵から身を守るために絶対的に必要な能力なんです。だけど人間だけのルールが支配するところでは、その能力は邪魔なわけです。自然界では集中して作業するなんてとても危ないことなんで、まずは修羅場を十分くぐって、自然界のルールが身にしみついたら、その後集中して生きようとするのが人間として自然なんです。だからＡＤＨＤは一〇歳になったら多動がなくなるっていうのも当たり前で、自然界のルールに反しない。少なくとも戦後教育は、自然ルールを吸収していくだけのゆとりをまだもっていたわけだけれど、いよいよそれが自然的な生き方がなくなって、人間ルールだけの教育の世界になってきたから自然ルールを放棄できた。だからＡＤＨＤが問題とされ、学力も低下し始めた。人間が学力を還元するベースを失ったのだから。

学力が落ちるのは必然で、人間が人間ルールに沿って高度に学力を求めれば求めるほど学力がつかない。一部の抽象的な人間ルールの得意な人間は例外です。でも大多数は自然的な人間のもっている才能を排除されてしまった学校で混乱する。自然的な能力のつきやすい子は発達障害とされ、人間ルールによって強制支配するために薬で訓化する、これが新しい学力主義です。

リタリンとコンサータは薬で人間を支配する、いわばアヘン戦争時代のアヘンなので、ついに登録医師制度になった。その講習会が急遽開かれたので、仕方なく先日行ってきた。実はよっぽど聞こうかと思ったけれど、あんまり信用していない医者が講義していたからその時はやめておいた質問があるんです。彼は「あまり安易に使ってはいけませんよ、重症の人に使うんです」と言うんです。いかにもわかりやすいでしょ。「ＡＤＨＤの診断根拠は決まっていない。慣れた人が診断するしかないが、実は決め手がないというのがＡＤＨＤの診断だ」というところまでしゃべって、「決め手はないけれどこういう特徴があって、社会的に困難がきているときのみ診断する」と言い、さらに「重症、中症、軽症って分ける」とくる。そこで、その場合、社会的理由以外、何を基準に重症度を分けているのか質問しようと思って、やめました。重症者のみに使う、そういう言い方の中に医学の最大の矛盾がある。

今、社会問題や経済問題を医療の問題に還元していこうとするところが、差別の一番基本的な問題なのに、それを逆利用する姿勢が医者にある。医療を利用した国家管理がすごい勢いで進んでいて、前は教育による全体的人間管理だったけれど、それは神通力を失って、そこよりは医療による個別管理という感じなんですね。

「薬は毒です」という当たり前の話も「毒を飲んででも生きなければいけない」という話にすっかりすり替えられているんですよね。前は、薬はいいものですと宣伝していた。でもこちらが毒であると言えば、毒でも飲んでいかなければ、競争に勝てないんですと言わなければいけない社会になっている。発達保障論なんかもろくも崩れ、変質してしまった。薬を飲ませないなら保育園に来させないと言われたと感じる親までいる。発達保障というのは、医療指導型障害児保育への橋渡しだったと、今になってはよく見えるようになった。前にやっていた発達保障論の一部の人、例えば西村さん、清水さん（西村章次・清水寛：共に全教系の共同研究者）は、医者に対して医療主導の教育ではないよと言いはっていたけれど、彼らの発達理論が崩れちゃうと、教育は医療の受け売りになってしまった。彼らは今の特別支援教育が出てきたら医療の連携とかというのをどう見ているのか、実は聞いてみたい気がする。どう変質したのか、あるいはしてないのか。

松村　ただ、昔でも例えば脳性麻痺に訓練至上主義みたいなのがあったでしょ。医学のほうからその訓練を主張し、親もそれに乗っかったら、教師としてはそれに抗うことがほとんどできなかった時代があった。そんな時に石川さんは、訓練の幻想ということを書きはった。そういうものが僕らをものすごく励ましてくれたというのがある。今また薬を含めて医学、あるいは心理学が、例えば、発達障害に対してもこういうことをすれば改善されるって、わからないでしょ、わからないのにその医学、心理学の力だという形で現場にズーと入っているわけですよ。

教育と医療を考える

松村　今この発達障害の子どもに専門的に対応しなければ取り返しがつかなくなる。だから専門家から講習受けなさいというようなことが進んでいる。これが特別支援教育と重なっている。医学の上からはっきりした問題ではないんだという主張があると、教師をものすごく励ましてくれる気がする。

石川　ある意味でその時代より、時代は進んでいるかな、と思っているところがある。そういう警告を学会ですら出すようになった。全米心理学会が今年（二〇〇七年）の夏に出した報告は、いわゆる自閉症、アスペルガーに関するあらゆる治療方法のうち、これまでたった一つをのぞいて有効という治療方法はないというものです。

たった一つの治療法って何かというと、はやりの認知行動療法なのだけれど、ただしこれは半端じゃない。非常に早期から時には週四八時間以上マンツーマンで数年以上継続しない限り有効ではないという代物。日本でも認知行動療法ってどこでもやっているんだけれど、ちゃんと有効な治療方法となるには、そこまでやらなければダメというものです。だから、これまで治療方法を賛美してきた学会までもが警告せざるを得ないという局面は一方であるわけですよ。ただ、進んだというのはその点よりも、この警告に秘められた治療観です。

リタリンにしても、あれだけ使ってきたのに今度の法規制はよかったと言う医者が多いという。私はリタリン否定論者だから、私のところには来たくなかったメーカーサイドの人まで、「お医者さんはみな喜んでいる。あいうふうに法で禁止されたら患者さんに出さなくていいから、断れなかった患者さんに断れる」と言う。

今の発達障害の医療なんて無力だと、実は皆がうすうす気づき出している。でも、そのことをみんな隠している。日本の児童精神科医は、「発達障害バブル」という言葉があるくらい、私なんて開業して直ちに予約は半年待ちになった。どこも半年以上の待ちですよ。バーと膨らんで今はバブルだから。でもこのバブルはアメリカあたりではとっくにはじけているので、もうすぐ日本でもはじけるだろうと思うんです。

そんなわりと覚めた目は専門家の中では過去よりは膨らんでいる。ピンチなのは、全米心理学会の発表がもつ裏の意味です。それは週四八時間以上、数年にわたっての治療など一般の人にはできない点です。金を持ってなければダメということ。アメリカの発達支援教育は、実は金の切れ目が縁の切れ目なんですよ。軽度発達障害と言われている子は、これまでシャバにもぐり込んできた子たちなんですよ。金の問題は私が医者になってすぐのころから言われていた。当時は、今の発達障害なんてみんな「ボーダーライン」と言ってたんです。知的障害ではないと、しかもはっきりした自閉症でもない。そういうのは「ボーダーです」と言ってきた。このボーダー層は、一九七〇年代のアメリカではいわゆる豊かな階層と貧しい階層とでは発生率が圧倒的に違う、数倍から一〇倍以上の差があると言われた。

重度の知的障害の発生率はわずかな差しかない。いずれも貧しい層が多いわけですが、それは経済的・社会的不利益があるからで、でも重度が意味する生物学的な点では、その差はたいしたことがない。これと対照的に、ボーダー層はめちゃくちゃな差があるって言われていた。金の力がすべて決める。今、発達障害が医学上焦点化される背景は、次に来る社会の経済効果がすでに働いていて、そこへ向かって流れていく過程での社会問題を医療が解消する役割を引き受けている。こんな医療はうそですよと言ったって、うそでも毒でも食らってでも、次の社会がくるまで矛盾を生きるしかないとみんな諦める。それをマスコミは、治療によってよくなるという言い方で正当化する。

めちゃくちゃな報道なんていっぱいある。子どものうつが増えているという論調も新聞に出ていましたね。うつは死亡が問題だってことで、問題にしてきたわけでしょ。でも子どもの死亡率は増えていない、子どもの死亡率は一九六〇年くらいに圧倒的に高かったわけだから、その頃日本中の子どもはうつ病だらけだったということになるけれど、今はそれよりズーっと低いわけ。そこを見ただけであの報道が言っていることのおかしさを誰か気がついてもよさそうなものなのに、なかなか化けの皮がはがれていない。医学会では二四歳未満のうつは抗うつ剤使っても何ら有効性がない、それどころか、むしろ死亡率が上がるかもしれないと警告が出ているわけですね。そうすると、ああいう報告を出していく意味が問われる。あの報告を出された伝田健三さんという人はまじめな人で、われわれが不登校は病気じゃないっていう言い方で切り捨てた問題を、彼なりに整理し直してみたら、不登校で苦労している子の中にうつ病でちゃんと医者が関わってあげなければいけない子がいたと、医者として反省して調査をやっているわけですね。しかし、死と不登校を同列に捉えるという、さっき言ったナイーブな構造以上に進んでいる我々の自己規制の問題にどう向かうかという話がないと、マスコミ批判だけでもいけないなあという気がしている。

教育が連携するのはかくも社会化した医療です。私自身は何しているかというと、国立大学の法人化のときに大学で管理職やっていて、法人化というか民営化に向かう流れのなか、すごい金の取り合いで既得権益を守るために、これまでリベラルと言われていた先生らが急に変節する様をとくと眺めさせてもらった。国立にいれば、専門性を社会経済の流れから多少独立させていけるという期待も崩れ、公務員は楽じゃないよって、隠居の開業を始めた。その点では気楽なところがいっぱいあるのに、私なんかのところに来る人と、すぐそこまで来ている金の切れ目は縁の切れ目という状況を、国家とか専門性という枠から自由になって考えたいと思う。障害者問題は当り前だけれど経済問題。なんかみんなそういうところに落ちてくるということを考える時代だなあと思っています。

松村　今の障害児の親との接点がないことに気がついて、二年前から親のネットワークをつくって、今七〇人くらいで毎月例会やっているんだけれど、そこに教師を呼び込めないのが悔しい。今の先生は忙しいというだけではない、特別支援教育の論理がスパーと入ってきてしまっている。そこをどう打ち砕くのかということをしなければ一人も教師を引っ張り込めない。

北村　半分は自分から招いているわけで、今やたらと養護学校の管理職たちが元気だよね、すごく張り切っている。東京で言えばどこだって、公開授業などさかんにやっていて、すごい元気ですよね。だけど、普通学校の教師は特別支援教育なんかには無関心で、むしろ学力、学力です。このところ子どもに「学力テスト学力」をつけることに夢中です。沖縄が最下位だということは、ある意味沖縄文化を維持していることで、とてもいいことなんだと思わなければいけないのに、知事はお金もらいに文科省に行くでしょ。変だよね。学テの成績が最下位だということは、学力テスト学力に冒されたりしていない、かなり奇特でいいことなのに、大阪も行ったんだって。

山口　金は他のことに使ってもいいから取りに行ったらいいけど、沖縄のほうが大阪より深刻かなあと思う。大阪は金がほしくて取りに行く。沖縄は本気で学力を上げようと思っているじゃないですか。学力を何とかせないかんと、二、三〇年前から議会でも言われるし。

北村　せっかく沖縄独自のものをもっているのに、本土並みにしようというわけでしょ、基地のことでちゃんと言うなら言えばいいのに、そこだけは一様に冒されてしまう。その辺からどんどん流れてくるんだと思うんだけど。

山口　最近はうつの大人もそうだけど、うつだと平気で言えるようになったから、それに逃げ込む人もけっこういるでしょ。子どもらも学校行けへんのは、平気で「うつやねん」と言う。楽になったことはあるよね。

石川　今のところ知的障害とは違う障害、誰でもなる可能性のあるナイーブな病気という見方があるから、発生頻度が少ないうちは、病気だから助けてという主張もまだ許される。でも、もうそのリミットを突破しちゃったら、「うつくらいで甘えている」と変わるわけですよ。

アメリカはうつ人口では女性の四分の一がうつで、現実に薬を飲んでる人は女性の一〇人に一人と言われている。みんな何のために薬を飲んでいるかというと、ちゃんと元気で仕事できるためなんです。うつの治療というのは休むことが最重要なのに、一〇人に一人も休んだら大変なことになる。そこで薬を使ってでも仕事をする。だから、全員が本当のうつかという問題はあるんだけれど、同じ病気でも、そういう立て方に変わってきている。うつでも薬飲んでやっていけるという圧力のほうが強くなっている。

島　今うつの分類も始まっていますよね、非定型のうつとか。それによって薬の種類も違ってくるわけでしょ、そういう宣伝が始まっていますね。

石川　本当はむしろ逆です。昔言っていた「うつ」という狭い枠に、一九九〇年代後半から欧米でいろいろなものをくっつけたんです。昔はいわゆる「うつ」と言わずに、抑うつ神経症とか、うつ的状態と言っていたさまざまな状態を、診断基準を変えることですべてうつとした。この変換で、大丈夫だ、薬飲めばＯＫとされる人が増える。心療内科の先生たちは、「仮面うつ病」なんて考え方を導入してしまった。そういうところは「働ける、働けない」あるいは「職場を替えることで他の仕事ができる・できない」の論議でうつの分類を変えようとする。うつの診断分類も医学的世界の問題というよりは、現実には社会的な見方の変化なんですね。

島　それをつくっていっているんじゃないかと。

石川　医学的に言えば、いわゆるうつの中に、昔は躁うつ病と言われたようなものがある。うつ病と躁うつ病は同じか違うか昔から議論があるけれど、現在は薬の使い方で言うとこれは完全に違う。躁うつ病のうつはうつ病のうつとは違うという言い方はあり得ます。また、不安とうつは、どう違うかという議論はある。また、子どものうつは、あせり、焦燥、イライラとして表現されるという考え方で、これが伝田さんなんかの調査で急にうつが増えた原因なんだけれど、子どもの抑うつ気分やうつ気分はつくり出されているかもしれない。このイライラへの注目は、ADHD・強迫・うつ・犯罪といったリンクを強調することになる。

北村　ある高校の先生に聞いたんだけれど、ほんの些細な盗難事件で退学になった子がいるのね。そんなことは、普通だったらせいぜい謹慎くらいですむ話なのに、母親が発達障害による盗癖ですって言ったということなんです。学校は安心して、それならと退学願いを親に出させて退学にした。

石川　教研に話を戻すと、一九八〇年代の初頭は、ものすごい古い時代から続いている障害者差別みたいなものが露骨に残っていた時代ですよね。国際障害者年を通じて、少なくても表面上は非常にソフトにわかりよい人権主義に変わっていった。その過程で差別とは何かということが表面上のものわかりのよさに覆い隠されて、そこに残されている差別の本質は何も変わってない。むしろ悪くなっている。その点を発達保障論の人たちに突きつけたりしていた時期だったと思うんですよね。それが分裂によって、ますます見えない形にまとめられてしまった。分裂の問題が大きかった気がします。

普通学級で一緒にやるという話が、全教の人がいなくなったから当たり前のこととして話されるようになった。でも内実としては、支援という名の間引きが増えていた。その間引きをすることによって何が起こったかというと、養護学校の教員だけが障害をもった人に治療者的に関わってきたのが、一般の教育に拡大した。特に新しい学力主義が登場するに及んで、個性という言い方で、教員が治療者化して、個人に指導の問題を集約していく。子ども集団そのものを見守りながら、一緒に育っていくというのではなくて、個人個人を抜き出して、目的をもって関わっていくような教員というイメージが出てきた。私はそれを教育者の治療者化と呼んでいた。

一九九〇年代は、特別支援教育が登場する流れと共に治療者化が加速し、一般教育は非人間的な学力の場で、それ以外の場で落ちこぼれたものを人間的にケアしていくのが、特別支援的なものというふうに分断されていった。

さっきの話と合わせれば、一九八〇年代には重工業による高度成長が頭打ちになって、衰退し始めて、だけどまだ次のものが何にも用意されていない、まだまだバブルまで過去の路線が続いた。バブル崩壊の一九九〇年代、今までの子どもを温かい目で見るという日本的温情教育が、犯罪、非行、片方でいじめなどに焦点を当て、教育を社会問題化して見る目が出てきた。それは人間同士が互いに守り合っていく実体としての関係の根拠を失い、競争でせめぎ合うことを当然とする方向へそれまで以上に強烈に変わっていった時代で、バブルが崩壊した二〇〇〇年には人間存在が見えなくなってくる。そういう社会の流れのなかで、障害者の問題は完全に発達障害の課題にすり替えられてしまった。

子どもを分けることに抵抗がなくなった

北村　三年ほど前になるけど、品川で教育改革の成果を発表した会があって、成果をいっぱい発表した。最後に教育長が言ったのは、一番の成果は教員が子どもを分けることに抵抗がなくなったことです。よくわかる話でしょ。初めはいろいろあるわけよ。習熟度に分けるときに誰ちゃんと一緒の班になりたいと言う子がいるわけ。それをそうじゃないよ、あなたはできないんだから、と言うときには、それなりに教師はしんどいわけでしょ。一緒にやりたいんだから一緒にやればいいと言う教師はいなくなってるわけよね。そのなかで上手にやっていくと、ほぼ教師が望むとおりに「子ども自身が選びました。そもんなに時間がかかりませんでした」と言うんです。子どものほうが分相応に選ぶようになった。抵抗がなくなったって、その次の話はそんなことではなくなってくるわけね。

山口　昔は分けたら、習熟度別であろうが何であろうが分けることに変わりはないわけで、言い方はともかく「おかしいで」と言ってきたわけです。ところがムラ（被差別部落）の子どもたちに学力つけるためにという名目で分割授業とか少人数教育とかが、同和教育、解放教育で出てきたのが信じられなかったですね。

北村　大阪の解放教育は学力保障のなかで何か納得いかないものがずっとあったよね。

山口　もともと僕らが魅力感じたのは、「解放の学力」というのはいわゆる受験の学力と違うんだ、「解放の学力」が何かという定義はなかったけど、そういう原則を曲げずにずっときているのは障害児教育だと思っています。けれども建前的には「共に」とか「抜き出さない」と言っていても、実際は全部分けないでやってるところはそれほど多くはなかったんじゃないですか。豊中でも僕がいたときでも七割くらいですよ。三割はやっぱり何時間かは分けている、一時間も抜き出さないというのはなかった。

石川さん、共同研究者になったらいろんな地域に呼ばれたりしますでしょ。日本全国の地域差はどんなんですか？

石川　呼ばれるところというのは、話が通じる人がいるところだから、限定されているのですが。例えば秋田では、呼ばれて行くのは障害児の通園施設で、一緒に考えられる教員はなかなかいない。教員たちと違和感なく話ができたのは、九州、広島、大阪あたりで、あとは教組でいったら、都道府県単位ではなくて、神奈川だったら湘南や三浦半島教組だったり、東京だったら一〇教組（品川・港・大田・目黒・新宿・世田谷・墨田・杉並・西多摩・八王子）だとか、そういう感じで動いていた。福島は福島養護が数年呼んでくれたけれど、ごく少人数のところで、やがて先生がいなくなってしまった。

北村　地域で言うと九州はましだという思いがあるでしょ。宮崎では小学校段階での共に学ぶことが割と自然に受け入れられていると思ってました。ところが、この間、都城に行って愕然としたんだけれど、それは、小中だけでした。K君が初めて高校に行きたいと宣言したとき、みんな驚いたのです。宮崎では今まで障害で点の取れない子は誰も高校に行ったことがなかったのです。K君の家族は千葉から引っ越してきた「よそ者」だから言えたのです。初めて高校も普通に行こうと思った人が現れたと、荒木さん（元教員、地域で共に生き・学ぶ運動を推進している）たちもあわて出しました。入れる・入れないより先に、確実に適格主義が先にあるんです。運動ももちろんやってないわけだけれど、K君のお母さんがクラスのお母さん方に話をするにはずいぶん時間を要しました。

教研の中でことばが通じなくなった

石川　大谷（恭子）さん（弁護士、二〇〇二年から共同研究者）と、特別支援教育をめぐって議論をしないかって、合宿やりましたね。

北村　論争は面白かった、論争はしたほうがいいのね。いっぱいレポーターや傍聴者がいるところで共同研究者が論争することはすごくいいことなんだけれど、しかし、田中さんや田下さん（共に日教組の障害児教育部長）は心配でしょうがなかったのね。共同研究者は同じことを言ってもらわないと困る、そんなとこも愛想尽きなければいいなと思ってたけれど。論争があるから聞いてるほうはわかるわけよ。お説教するんじゃなくてね。昔はお説教するばかりだった。非常によくわかって、大谷さんも言いたいこと言うし、面白かった。「困るよなー」って田下さんは言うけど。

石川　その雰囲気はありましたよね。全教と分かれたときに、向こうから教研に出られますかって共同研究者に手紙が来たわけ、たぶん全員に行ったと思うけれど。呼ばれる以上は、私は出ますって返事をした。出ますけれど、呼ばれる以上は、これまでの私の言動をみて共同研究者として尊重してもらえるんですね、そうであれば喜んで出ますって付け加えて書いたら、返事は来なかった。

北村　向こうのほうが礼儀正しいわけね。日教組は発達保障論の共同研究者をバサバサ切っているわけでしょ。

石川　注釈をつけたら、行きますって言ったのに呼ばれなかったにしてもね。

山口　大谷さんと石川さんの話は、現場の人にはようわからんというのもあったんではないかと思うけど、「明日に役立つ」話ではない。

北村　参加している人たちにとってはね。私も、言っていることはいいんだけれど、ちゃんと権威のある人に言ってもらいたいという言い方をされたことがある。現場教師だったから、仲間だからよくわかってくれているという人がいる一方で、地元に持って帰るには、「誰々先生が言ってたよ」と言うほうがありがたいという話もあってね。ああ昔みたいになったなあって、思って。それは私が辞めるきっかけになった。

山口　そんな権威主義みたいなものが現場にはあるし、教研が終わってから必ずクレームをつける単組があるじゃないですか。共同研究者がウチのレポーターにけんか売ったとか、現場というか参加者とその後ろにある組織が、ぼくらの好きな共同研究者に不満をいっぱいもっていると思うし。例えば篠原さんだったら、学者の話はいりません、子どもの話をしろ、みたいな雰囲気があったし、子どもを学校に置いて教研に来ているのに、みんなのお金（組合費）を使って来ているのに、もっと明日の授業に役立つ話をしてほしかったとか。

北村　立派な筆書きで抗議文が来たり、ずいぶんやられた。

石川　レポートを誉めてもらえなかったという抗議もあった。福島の先生が、子どもの写真を写しながら、こんな重度の子がこんなになりましたって言い方をしたので、私がかみついて、重度や軽度って言うけれど、ほんとにこの子にとって何が重度なのか。重度の障害と言われると医学的に聞こえるけれど、医者の目から見たらとても重度とは言えない子を重度にしたいものは何か、と。「重度」ってことば自体差別的だけれど、その前に何が「重度」とか「軽度」とかということばを生んだのか聞きたかった。そこから、障害を重度にしたり軽度にしたりするものと分離教育の関係を考えたかった。だから、こんな重度の子がこんなによくなりましたというレポートをなさることは、この子に了解とってきたんですかって聞いた。そうしたら、非難してけなすばかりで誉めてもらえないと言って、その先生はすごい落ち込んでいた。

北村　はじめのほうは教研集会というと、障害児の重度比べみたいなことだったでしょ。この子はこうなりましたという報告で、その時に、こうやったらどうってことないじゃないって言うと、いや実はこんなに重度なんです、うちの子は最重度なんですと言って、こんなに重度なのにここまで自分は付き合ったという話をするために重度比べをする。おかしかったね。

山口　やっぱり、第十三分科会が他の分科会とちょっと違うのは、石川さんはじめ、僕らの側からなってもらった共同研究者から教室の枠にとらわれない本質的なことをいろいろ教えてもらっていたし、障害者も来ていたし、親も来ていた。でも他の分科会は教員ばかりが集まって、子どもはよくなりましたという話ばっかりしている。そんななかで、石川さんの話がいいなあって思う人たちが来て雰囲気的にも変わっていった。

石川　みんながなぜ面白くなくなっているかというと、それは全教の人がいなくなったということが一つあるんだけれど、もう一つ言えば、時代の変化ばかり言っていたけれど、終わった後、私なんか森保（俊三）さんからはめちゃめちゃ言われるわけですよね。八木下さんにも先ほど話したようにいじめられて。そうなると本気で考えなければとこちらも刺激を受けて、とても面白かったです。

分裂によって敵があまりはっきりしなくなって、障害者が元気なくなったと言うか、沈黙し始めた。本当は何も変わってないのに、ヤジれなくなっていったというのがあって、特別支援教育が入ってくる段階で障害者はもう置いていかれた。日教組自体から置いていかれた気がした。議論の中に障害者が入ってこなくなった。

それまでは少数者であっても、我々がしゃべるときには、専門性を解体しながら障害者の問題を一緒に考えていくという実感があったけど、特別支援教育から専門性の優先性がはっきりと登場してきた。そこが一番面白くなくなったところです。専門性なんかどうでもよくなり、お互いが解放されたとき、初めて自由で楽しい関係が開けるのに、それがなくなった。発達障害者支援法がまさに障害者排除の典型で、親の会の代表や学会理事は策定する過程に入っているけれど、当事者はぜんぜん呼ばれてない。そこに、特別支援教育と発達障害者支援法が過去の障害者問題と全然違った格好で出てきた背景があって、日教組の特別支援教育に対する対応もそうなってきている。

そこらあたりが、わたしが言ってももう通じないところ。私のことばって、八木下さんじゃないけれど、障害者がしゃべっていることばを聞いてああそうだと思っていることを、多少医学的に言えばこういうことばに代わるとしゃべっているだけなんですね。それはすでに障害者がしゃべっていたことばなんですよ。そこが、なくなっていったから、私もしゃべることばがどうしたらいいのか、なくなっていった感じがするんですね。

北村　最後の三重教研（二〇〇六年）のときに寄宿舎の問題を話し合ったでしょ。寄宿舎で働いている人たちが誇りをもって働けるように、寄宿舎教員にして身分を保障してほしいという。それは要求としてはわかるんだけれど、第一寄宿舎の職員を「先生」と呼ぶこと自体変な話だと思うんだよね。本来家から通うのに通えないから寄宿舎に入っているのだから、家の代わりをしている所は限りなく家の環境に近くなければいけないのに、そこにいる職員を「先生」と呼ばせるなんて。「おばちゃん」とか、「お姉ちゃん」とか「おじちゃん」とか言っとけばいいのに、それが先生になりたがっている。それも教員だった者が言うと言いにくいけれど、石川さんが怒っているように見えたのは、重度の障害児にとって寄宿舎が必要だと言うわけよ。この子はどうしてもうちの寄宿舎に来るしかないんですというようなことを言う。わけを聞くとこういう子なんだと。ならば養護施設に入れればいいじゃないと言うと、養護施設はこういう障害児は入れてくれません、と。入れてくれないんだったら、障害児を排除するのはおかしいとそこに文句言えばいい、と言うと怒るわけ。こんなに一生懸命この子を大事にしているのに、という感じで最後まで話が通じてなかった。

山口　昔だったら、発達保障論の人が同じこと言っていた。同じこと言ってても、今はそんなひどいことを言っていないという雰囲気がある。だけれど言ってる中身は同じ、僕らが批判していたことと同じなのに、ちょっと批判のことばが言えなくなったっていうのがある。

北村　日教組の組織もそういうふうになっているし、学力テストはやらなければいけないって言う。

山口　教研の話をしようと思ったら、確かに障害者の人たちの話も抜かしたらいけない。あの人たちがこんな状況になってきたことをどう思っていたのかね。

北村　あの人たちにしてみれば教研は教育の問題じゃなくて。私が木之下（孝利）さん（骨形成不全の障害者。二〇〇〇年死去）と一緒に千葉の教研に行ったとき、小湊鉄道のバスが社の決まりで車椅子は一台だけと言って乗せないわけよ。でも、三台乗せて、私たちが車椅子をつかんでいるからいいじゃないかと言うんだけれど、本社と電話連絡しても、それ以上乗せるのは危険だから発車できないと言うわけ。時間がたつにつれだんだん、遅れるけどいいやって気になってきて、じっと乗っていた。もう我慢してじっと待つしかないって、ずーっと待っていると、運転手が諦めたのか、バスが動き始めた。その時木之下さんが、「こうやって世の中は変わるんです」と言ったの。ああそうだなって思った。こういうことやらないじゃない、近頃は。木之下さんの追悼文にはその時のことを書きました。最近は教研にも障害者があまり来なくなっている。みんな諦めているんじゃない。

山口　障害者の言っていることを受け止めるという雰囲気がないと僕は思っている。

北村　障害者の人たちも甘くなってるよね。何かを取ってきたほうがいいみたいなとこがあって、だいぶ違ってきている。教研も障害者の人たちに諦められたんじゃないのか。

石川憲彦（いしかわ・のりひこ）………小児科医、児童精神科医。東大病院小児科・精神神経科、静岡大学保健管理センターを経て、現在、林誠の森クリニック院長。

小島靖子（こじま・せいこ）………元・東京都養護学校教員。養護学校の中から「地域の学校へ」「地域で共に暮らす」ことをめざしてきた。日教組と全教の分裂後は、東京都障害児学校労働組合として日教組に加盟。定年後、障害のある人も共に働くスワンベーカリー（ヤマト福祉財団のフランチャイズ）や、地域の共生スペース「ダイニング街なか」の立ち上げにかかわる。

斎藤幸嗣（さいとう・こうじ）………元・東京都中学校教員、長く特殊学級担任を務める。世田谷教組の中で共に学ぶ実践交流の場として、「普通学級で『障害児』を受け持つ担任の交流会」をもつ。北村さんの退職後、「共に生きる教育をめざす会」の日教組第13分科会対策会議の事務局を担当。

島　治伸（しま・はるのぶ）………公立学校教員、教育委員会指導主事、文部科学省調査官を経て、現在、徳島文理大学（人間生活学部心理学科）教授。

長谷川律子（はせがわ・りつこ）………一九七七年〜八三年、金井康治君の母として、養護学校から校区の小学校転校闘争を全国の仲間と共に闘う（校区の中学校入学で闘争集結）。康治君は高校卒業後、自立生活を始め、九九年死去。地域で自立センター足立〈やんま〉を設立し、活動。

松村敏明（まつむら・としあき）………元兵庫県中学校教員。部落解放教育から障害児教育に出会う。神戸心身障害をもつ兄弟姉妹の会の結成に参加。現在、社会福祉法人えんぴつの家理事長。「地域で共に生きる」基本理念のもと、働く場、生きる場を提供しようと取り組んでいる。

山口正和（やまぐち・まさかず）………元・大阪府小学校・養護学校・高等学校教職員。分裂前の発達保障論の立場から養護学校義務化を一定評価した大阪府教職員組合に対して、養護学校義務化に反対し共に学ぶ教育をめざす各市単組の連合組織「大阪・15教職員組合連絡会」の「障害」児教育部事務局、豊中市教組執行委員を長年務めた。

九　担当者の教研

志澤佐夜

甲府教研の速報

その日は、朝から雪が降っていた。甲府盆地が雪化粧をしたとき、教研は始まった。

私が日教組に入局したのは一九七一年。教研は七二年の第二十一次甲府教研が最初だった。初日を迎える日、雪が降った。私は、情報宣伝局に配属されて、『教育評論』という機関誌を作ったり売ったりしていた。教研での仕事は『速報』売りから始まった。当事教研は、その日の各分科会の討議を速報として参加組合員に届けた。全体会の様子は、二日目の朝には手元に届くのである。そのための封筒が用意され四日間の升目にしるしがつけられるように印刷されて、その袋に出来上がった速報が入れられるようになっていた。その封筒を雪が降る会場入り口の外で売った。とてもよく売れた。

速報は、全体会が終わると、機関紙『教育新聞』の記者たちと、甲府なら関東ブロックの新聞担当の人たちが、すぐに原稿づくりを始める。そして夜をかけて割付、印刷、校正をして、朝には出来上がる。情報宣伝局の新聞に所属していた友人の赤坂さんと同室だった私は、申し訳なさそうに夜中に帰ってくる彼女を待っていた。二日目からは、各分科会の助言者（当事はこう呼んでいた）がその日の討議のまとめの原稿を下さるのを助言者の宿で待っている。この仕事は私も担当した。出来上がった原稿を載せた『速報』が夜中に作られ、朝参加者に届けられた。分冊は七四年に、そして冊子の『速報』も第二十七次の沖縄教研（七八年）を最後になくなった。

教研のはじめ

教研は第一回を一九五一年十一月、栃木県の日光町で開かれた。この年の一月は、日教組が「教え子を再び戦場に送るな」のスローガンを中央委員会で決めた年でもあった。五月の定期大会で全国教育研究大会を十一月に開くことを決めたのだ。

丸岡秀子さんは「日本の良心が日光に集まっていた」と評した。

第六次金沢教研（五七年）から教科が取り入れられ、課題別と一緒に構成された。

この頃の教研の様子を読むと希望と前進を読み取ることができる。皆、貧しいながら、明日の教育が輝くようにとの一生懸命さがひしひしと伝わってくる。

全国教育研究大会という呼称は、五五年から第四次教育研究全国集会というふうに「次」がつけられ、大会から集会に変わった。そのスローガンも「平和を守り真実を貫く民主教育の確立」に決められた。教研は労働組合としての日教組の別の顔を見せている。専門職としての教職員自らが自主的な教育研究活動を集会を通して実践して、自らの力量を高め合う。「子どもの現実に学ぶ」ということばが主流だった。教研のような集会をもつ労働組合は世界にもまれだと聞いた。

課題別分科会にも変遷があった。例えば「障害児教育分科会」になったのは第十七次の新潟教研（六八年）からで、第十四次までは「特殊教育」、第十五・十六次は「心身障害児教育」だった。

「公害教育」も「環境教育」、そして、今の「環境・公害と食教育」へと変わった。「女子教育」は「人権教育」のなかで行われていたが、第二十九次から「女子教育問題」として独立、第三十次には今の「女子教育もんだい」になった。「平和教育」は第二十四次に特別分科会で一度設けられ、第四十次に独立した分科会となった。第四十次教研（九一年、東京）ではいくつかの分科会が統合されたり名称が変わった。

共同研究者もかつては助言者と呼ばれていた。それぞれ時代を反映した名前に変わってきたのだ。

教研は日教組の教育課程の「自主編成」運動と歩みを

共にしてきた。文部省の学習指導要領に「法的拘束力」をもたせた一九五八年には、教育実践の確かめ合いと相互交流として教研は大きな運動の力となった。

七〇年代には「中央教育審議会」答申など教育の中心論議が活発化するなかで、「国民の教育権と教育の自由」が教研のなかでも論議され、職場の集団的な学習と研究活動を自主的に強めることが大切であると、教育課程のあり方なども中心課題として「組織教研」を再生させる取り組みが進められ、話し合われた。しかし、教育課程の自主編成が事件の要であった福岡の伝習館高校の裁判を、日教組は支援することができなかった。私の中に組織的であることと、自主編成が結びつかないまま残った。

担当者の仕事

そんななか、第三十次の東京教研（八一年）に異動があって、私は教研担当の教育文化局（以下、教文局）に配置された。担当は助言者の係りであった。第三十次ということもあって、大掛かりな全体会のセレモニーが組まれることになった。助言者のお一人富田博之先生が脚本を書かれることになり、遅筆な富田先生の家に「原稿まだですか」と催促する係りも、家が近いということでおおせつかっていた。

教研の仕事は担当局に来てみるとびっくりすることばかりだった。教文局は教育全般、文化が仕事なので、文部省が新しい施策を出せば、それに対応し、日教組の独自の教育政策も出す。教育課程の「自主編成」運動が高まっていたので、そのためのセミナーも夏には開催する。教師自らが切磋琢磨して、教育実践を磨く。組合員の切なる要求でもあり、それに応えるのが教文局の仕事であった。日教組文学賞も教育制度検討委員会も「国歌を考える会」も仕事だ。忙しいというのを通り越している。そして教研である。

分会、支部では翌年一月に開催される全国教研に向けて、それぞれの都道府県支部で教研が春から秋くらいまでには始まっている。秋には県・高教組の教研がある。そこで全国教研に出すレポートが決められる。地道に積み上げられる実践がここにはあった。

本部では、教研の二カ月くらい前に、開催地が発表されるとそこから教研の仕事が始まる。主なテーマを何にするか局内で議論して、中央執行委員会で決められる。その年の教育の課題が取り上げられた。そして、開催地の現地実行委員会との打ち合わせが行われる。そのとき交通のことや、宿泊のホテルのことなど、全体会場のこと、警備のことなどが話し合われる。この先現地の実行委員とは連絡を密にして、実際の仕事が動き出すのだ。

教研の全体を仕切るW氏は、記念講演の人選、ポスターの作成、分科会会場の確保、そのための輸送の準備、全体会の構成、現地との折衝、要綱の作成やら何やらで大忙し。私の担当で言えば、まず助言者に開催地のお知らせを出す。その間に全国教文部長会で、司会者の割り振りを決めて、司会者の名前、連絡先などを出してもらう。司会者は三年ごとに代わることになっている。司会者の数およそ二五〇名である。助言者が一二〇名程度。この人数のお世話がここから始まるのだ。助言者の先生方の開催地までの乗り物のチケットの手配、教研の中身が詰まっていくたびに出される詳細なお知らせ。司会者は県・高校の教組を通じて知らされる。そして、教研当日に使われるリボンの作成。当時は今と違ってIDカードなどなく、リボンと参加証で分けていた。緑のリボンは教文部長というように。これが、司会者・助言者・教文部長・レポート提出者・一般参加者・友誼団体・来賓などというようにそれぞれ、県・高教組合わせていくつというように作成して送った。ついでに警備の警視庁にも、模造紙にリボンを貼った一覧を提出した。さすがにこれは一人でできないので、アルバイトを入れてもらっていた。

その間にも助言者に希望を募っていた交通手段のチケットの手配と発送をすませなければならなかった。それでも東京だったので、随分楽をさせてもらった。大半が東京か近郊に住んでおられたから。そして、教研の案内状が関係各機関に送られる。

資料の担当は、各県・高教組から送られてくるレポートを分科会ごとに仕分けして、セットを作り、それをまた、各県・高教組のレポート提出者分や関係者に送った。この作業は傍で見ていてものすごい作業量で、ここにもアルバイトが配置された。リボンはレポートが送られるのと一緒に送られた。仕分けしたセットは十二月中旬過ぎ、全国から集まってくる助言者・司会者の打ち合わせ会に助言者・司会者に手渡された。受付をすませ、全体会の後、各分科会ごとに助言者と司会者が今次教研の課題などを話し、『教研要綱』の原稿を書いた。

『教研要綱』は、教研のあらゆることが詰まった冊子だ。委員長の挨拶、記念講演の概要、来賓の祝辞、現地実行委員会の委員長の挨拶、そして、分科会の今年の課題と傾向、全体会・分科会の会場と交通網の案内などなど。打ち合わせ会は、三日とってあっても、なかなか原稿は上がってこない。早いところは、その日の夜ということもあったし、二日めの昼ごろは早いほうだった。皆、上がってくる原稿をひたすら待っている。その原稿を読み、チェックを入れて、印刷に回す。ここは、ほとんどが資料班と私以外の人が担当した。後になって、この担当をした際に、暮れの押し詰まったときに印刷所のある新潟まで出張校正に出かけた。ぎりぎりの日程で作られているのだった。

この、助言者・司会者打ち合わせ会が終わると、ようやく冬休みだ。実は、その間にもいろんなことが起こる。助言者に送ったチケットのことや、リボンのことなどなど、冬休みも家に仕事を持ち帰っていた。

年が明けて教研に行く日が来るが、この年は東京だったので、現地との打ち合わせも楽で助かった。全体会では、助言者・司会者の受付をしていた。全体会では、当時争議中だった日本フィルハーモニー交響楽団が出演してくださった。林光さんの「森は生きている」の挿入歌「十二月の歌」が歌われた。代々木体育館に響き渡った歌声が忘れられない。二日めからは、助言者の宿に泊まって、トラブルの対処をした。教研が終わってみると、こんなに仕事ができたなんて、と自分に対する驚きだけが残った。

広島教研

その日、広島は朝からかなりの雪がしんしんと降っていた。第三十一次（八二年）は広島開催で、雪だ。どうして教研の初日は雪なんだろう。十二月、あわただしい日々を重ねて今日を迎えたのに。

朝早くひとり市電に乗って体育館に向かう。警備の係りの日教組、現地のスタッフたちは、雪の中、広島カープの赤い帽子をかぶって警備に当たっている。警備の帽子はカープのものしか大量にはなかったためだ。ひとりで来たのは、助言者・司会者の受付入り口の点検をするためだ。確か何かあって前日することができなかったのだ。

現地に来てからの忙しさは、なかなかだ。前回は東京で、地元開催だったので、やりやすかったのだ。県教組の中に本部がつくられる。資料置き場には、必ず一部屋大きい会議室が使われた。後から来るレポートや概要報告書、全体会場で配られる要綱と一緒に入れられる資料などを組むためだ。その数、当時で一万五千枚くらい。それがいくつも来るのだ。もちろん現地アルバイトに手伝いの書記もつけられる。資料班はしたがって、担当局、総務、会計などと一緒に、約一週間前に現地に入るのだ。

本部は、全体会や分科会がうまく回るか、交通の確保や、担当者会議やら全体会の打ち合わせ、全国教文部長会の準備、資料の準備やら、皆とても忙しい。私はホテルの部屋割りや、ホテルの食事の点検に始まって、ホテルから各分科会にどう助言者・司会者に行ってもらうかなど、現地の助言者・司会者会議の用意、その間に参加できなくなった助言者、遅れる助言者の対応をして、もう頭の中は満杯状態。それでも、二日前に手伝いの同僚が着いたときは、ほっとした。日教組書記局ごと現地に合流するのだ。何しろ留守番の人を除いても人手は足りないくらいだ。全体会の警備から来賓の対応、分科会担当まで、する仕事は山積みだ。私はここから、謝礼や交通費の計算、支払いが始まる。（まだ振込みでなく現金払いだった。）仮払いの伝票を申請したときに、あまりの大きなお金に手が震えたのを鮮明に記憶している。

教研分科会が始まると、教研担当局は何かあったらすぐ対応できるように本部に待機しているのが常だ。したがって分科会の様子などは、分科会担当者に聞く。あるいは、混乱のあったところには誰かが出向いていって何が起きているのかわかるといった具合だ。当事、人権分科会や、障害児教育分科会などが対立がもち込まれている分科会だった。それでも助言者担当の私は何時間かは分科会に行くことを許された。障害児教育分科会には、この年、石川憲彦先生が助言者に加わった。教育実践やその路線で混乱していた障害児教育分科会に違った意見の助言者が望まれていた。その頃、教文局には中央執行委員・書記という垣根がなく、会議のときに名前を挙げてそれが通れば、お願いに行くというのが仕事だった。

局の中に私たちと違った意見の執行委員もいたが、私の提案した石川先生推薦は会議を通過した。引き受けてくださった石川先生は孤軍奮闘だったに違いない。

広島教研はその地にちなんで、記念講演は「核時代における私たちの課題」として今堀誠二さんだった。終わって、書記局の人たちが帰って、関係局だけになったとき、私は倒れた。現地との反省会も出られず、帰りの新幹線ではずっと横になったままだった。その時、思った。男の書記だったらこういうことは二十代に経験していたに違いないと。三十代になってやっと回ってきた仕事と思えた。当事はそういう時代だった。ここでがんばるしかない。そうも思った。後になって、全体会の進行や、ポスター作り、要綱作りや県・高教組の宿、交通網のことなど、教研の心臓部の仕事も担当した。苦しく、つらい仕事だったが、とても楽しんでできた。

日教組教文局

私の在局中（第三十次から第四十次、一九八一年～九一年）いくつもの疑問や課題が話し合われ、教研の見直しと称して論議された。マンネリ化したレポート、支部や県教研の運営のあり方、「日本の良心が集まっていた」頃の活気と自由はどこへ行ったのだろうか。まるで官制研究のようなレポートの中身。レポートを決めるやり方も問われていたのだ。

そう言う先から、自らの日教組の運動が問われていた。この在局中にいわゆる路線問題と「四〇〇日抗争」があって、教研も第三十六次の東京（五月）、第三十七次の札幌・東京（十月）、第三十八次の盛岡（八月）と変則的に開催された。そして反主流派と称される人たちが組合を脱退して新しい組合（全日本教職員組合＝全教）をつくった。教研は分科会の対立がなくなった分、活気を失ったりした分科会が出現した。それでも小さな対立はあって、レポート発表で問題を指摘された県の人が次の日出て来ないという分科会もあったりした。

教研にたくさんの組合員が参加できるのは喜ばしいことであったが、マンモス化するほど課題が見えにくくなっていた。来る教職員もだんだん来づらくなって、出張や研修ではなかなか来られなくなった。アンケートには、休暇を取って来る人が多くなっていた。そういう教研をどうするのか、議論すればするほど良い手立てが湧かなかったのだ。

教研の内面的課題

この頃局内論議に、教研に参加する組合員の固定化の問題があった。いわゆる「教研家」と呼ばれていた組合員だ。毎年必ず組合費でやって来る。ある人は、教育研究団体の一人として研究団体の代弁的役割も担っている。こういう事実は他の組合員の参加を狭くしてはいないだろうか、というのが懸念であった。では、どうしたらよいのか、論議しても答えが出てこない。しかし、毎年教研に参加したい気持ちがわからないでもない。それで、毎年出てくる論議だが解決を見ないままだった。

教育研究団体と教科分科会との関わりについての懸念も話し合われていた。ほとんどがそのサークルの会員で占められてしまうと自由な論議ができなくなってしまうのだ。これでは、教研の本来あるべき姿から遠くなってしまう。しかし、この論議も課題の一つのまま解決を見なかった。

教研に来た人がどう皆に成果を伝えるかという還流についても、論議が盛んに行われていた。組合費で教研に行ったのだから、そこで何を学んだのかは他の組合員に伝えなければ組合教研の意義も薄まる。これをどう行っているのかが問われていた。教文部長会で報告されることでしか本部の者は知りようがない。オルグに行った先でそこまで質問して問う執行委員はいなかったし、もう還流も形骸化していたのだろうと思う。

教研の積み上げた実績の引継ぎも問題だった。助言者はあまり替わらないが、司会者は三年ごとに替わる。替わることで混乱が起きないこともあるが、積み上げてきたものをどう引き継ぐのか、対立している分科会の司会者になることを希望する県が多くて調整するのに苦労した。分科会で積み上げた実績はいわば、組合員の財産でもあるのだ。こういった論議は何度も何度も繰り返されていたが、日教組のシンクタンク国民教育文化総合研究所による教研改革委員会が、二〇〇〇年三月に「生き生きと、楽しい教育研究活動を創り出すために」という教研のための改革案を出した。しかし、改革はされたのだろうか？

一つ嬉しかったことは、長らく様々な対立や論議でつくることができなかった「人権教育指針」を、一九九一年、担当者としてつくれたことだ。日教組運動の人権教育の指針となった。以後、『教研要綱』に必ず入れられることになった。

最後に

第四十次を過ぎて、教研では「落ちこぼれ」の問題や「いじめ・校内暴力」が論議の対象になっていった。子どもの権利条約の批准の運動、その広報を活発に行ってきた日教組は、一九九四年の批准を機に「子どもフォーラム」を教研で開催した。子どもたちの意見は新鮮だった。そのつど問題となっている課題に応えるため、特別分科会やフォーラムが設けられ、「学力」「安全」「子どもの人権」などが話し合われた。

日教組運動を「動脈硬化」に陥っていると揶揄したことばがあるが、教研もまたしかりである。六〇歳を迎える教研は、本来の実践を交流し、力量を高め合って今日の自分の実践の糧とする思想はなくなってしまったのだろうか。支部教研すら危うい運動体に、今必要なのは、子どもの現実に学び、自らの力量を高めたいという実践、分会から始める教研のはずである。そう思う教職員がいる以上、教研は本来の姿に戻れるはずである。現場の苦労を知らない私に何が言えようかとも思うが、教研の運営を担当をして、つくづく教研は日教組運動の宝だと思えた。だから、大事に活用してもらいたいと願っている。

あとがき　北村小夜さんと教研

二〇〇七年、私は職場（日教組本部）を退職しました。

退職までに本当はやっておきたいことがありました。残念なことに、それができずに退職を迎えました。それは、北村小夜さんに教研、それも障害児教育とその分科会について聞き書きをしておきたいということでした。古い記憶は忘れ去られ、灰と化す前に、その中のダイアモンドを拾っておかなければ、何が必要で、大切なのかさえ忘れそうでした。

なぜ北村さんなのか？　それは、教研のスタート時点をお知りになっていること、長く障害児教育に携わっていること、共同研究者も体験している、なおかつその運動を今でも担っている、貴重な人だったからです。ですからこの本は、教研でも障害児教育分科会と障害児教育に関わってこられた北村さんのお話で構成されています。

私は、日教組在職三五年のうち、教育研究全国集会いわゆる教研の担当局の教育文化局に一〇年間在職しました。それは第三十次教研（一九八一年）から第四十次教研（九一年）までの間で、いわゆる共産党系と社会党系が激しく対立する日教組運動の時代でもありました。

養護学校義務化（一九七九年）から間もない障害児教育分科会と、人権教育分科会も親運動と同じく激しく対立していました。いくつもの問題が俎上に乗せられ、そのことをめぐってさらに対立の構図を深めていたのでした。

教文局に異動になって、当時の日教組は、書記（プロパーとして日教組に就職した者）・中央執行委員（全国の組合員の代表、選挙で選ばれる）が、教研の助言者を同じテーブルで推薦できたので、私は、障害児分科会には、どうしても、石川憲彦さん、篠原睦治さんに助言者になっていただきたいと強く願っていました。当事は日教組なのに、教研の障害児教育分科会では、運動方針と違う方向で議論が進んでいたという時でした。何とかしたい、必死な思いでした。

なぜ、障害児教育なのか、それは、私が障害者であり、そのために障害児教育には人並み以上に関心があり、北村さんと障害児教育に対する考え方が同じだったからでした。

分けて発達保障をすることが障害児の権利保障だとする人たちと障害があってもなくても「共に学ぶ」ことをめざす人たちと対立するなかでの助言者です。一度に二人をお願いするのは困難なことでしたので、無理を承知で、まずは石川さんに第三十一次広島教研でなっていただきました。石川さんがその時、どんな思いで教研の分科会にいらしたのかなど、当時の私には思いもよらないことでした。この機会に（座談会で）そのことをお聞きして、申し訳ないという思いと、みんなのためには強い味方になってよかったという思いが交錯しました。

そして、第三十二次盛岡教研で篠原さんに入っていただいて、対立するこちら側に二本の柱が揃ったのでした。北村さんは、その当時のお話もしてくださいました。

北村さん自身には著作もたくさんありますので、お話をお聞きするということは、今更という思いもありましたが、本人が記すということと話すことは別なのではないかと思ったのです。

聞き始めて思ったのは、やはり話すことは書かれたものとは違う。それはこんなに率直にかつやさしく、障害児教育の道に光を当てて、わたしたちに歩く道を照らしてくれているということでした。その記憶の確かなことと、微塵も動かない強い信念を前に、私の心構えが質され、感動をもらいました。

テープを起こしながら励まされ、納得し、涙さえ出たのでした。だから、この本は、北村さんのお話したことだけを中心に構成しました。私の余分な感想めいたもの、時代の説明などは、必要がないと思ったのです。ただ、話されたことで、なお資料があったほうがよりお話が理解できるという部分には、北村さんが用意して下さった資料を使いました。教研が歩み始めた初期の頃の部分は、特にそのことを補強する資料を入れました。

それでも、尚、わかりにくいという読者の方がおられましたら、ひとえに構成者の私の不徳と致すところです。

障害児教育といっても深く広い領域ですが、その一端をここから読み取っていただけたらこんなに幸せなことはありません。

辛抱強く未熟な私の質問に答えてくださった北村さんに感謝。現代書館の社長、菊地さんの励ましと担当の小林さんの待っていてくださった温かさに重ねて感謝。そして、石川先生、小島さん、島さん、斎藤さん、長谷川さん、山口さん、松村さん、貴重な時間を座談会に割いていただきありがとうございました。皆さん大変お世話になりました。

二〇一〇年十月

志澤佐夜

＊北村《きたむら》小夜《さよ》　略歴

一九二五年　福岡県生まれ。旗と歌に唆され軍国少女に育つ。青春時代、親より教師より熱心に戦争をする。このあたりのことについては『戦争は教室から始まる――元軍国少女・北村小夜が語る』(「日の丸・君が代」強制に反対する神奈川の会編、現代書館)に詳しい。

一九四四年　日本赤十字社救護看護婦養成所卒業後、旧「満洲」の陸軍病院に配属される。

一九四六年　敗戦後中国から帰国し、戦争に費やした五年間を自らの生涯から抹殺しようと学びなおし、

一九五〇年　東京都で小学校教員になる。と同時に自覚することなく日教組の組合員になっていた。最初の組合動員に参加したのが、朝鮮人学校閉鎖に抗議する集会であった。当時は教育二法可決(五四年五月十四日)以前で、地方公務員は勤務地を離れれば政治活動ができた時代で、選挙活動にも参加した。

一九六一年　都教委の呼びかけに応じて、派遣学生として設置されたばかりの東京学芸大学特殊教育課程で学び、養護学校教諭免許状取得。

一九六五年　障害児のためと抱負を抱いて特殊学級担任として中学校に赴任するも、迎えた生徒から普通学級から分けられた悲哀を教えられる。即座に、共に学ぶことをめざす決意をする。以来、日教組、特に教研の障害児教育分科会に「共に学ぶこと」を訴え続ける。本書では、このあたりの活動を中心に語っている。

一九八六年　中学校教員を定年退職させられる。退職後、「北村小夜が語り、北村小夜と語る集い」が六回もたれ、『おもちゃ箱ひっくり返した――ひとりの女・教師の半生』(北村小夜が語り、北村小夜と語る集い実行委員会編、現代書館)にまとめられる。

一九九〇～九一年　長春師範学院で日本語を教える。

一九九三～　第四十一次教研から五十次教研障害児教育分科会

二〇〇一年　の共同研究者を務める。

日本の女のすることを大雑把ながらひと通りして、今ひとり暮らし。地域にある小さな精神病院の理事、「障害児を普通学校へ・全国連絡会」世話人、「大田特殊教育を考える会」「未就学を考える会」などにかかわりながら、野垂れ死にを願望している。

著書　『一緒がいいならなぜ分けた』『能力主義と教育基本法「改正」』『再び住んでみた中国』『障害児の高校進学・ガイド』(編著)、『地域の学校で共に学ぶ』(編著)、シリーズ「社会臨床の視界」1『「教育改革」と労働のいま』(共著)(以上現代書館)、『日の丸・君が代』が人を殺す』(共著、社会評論社)、『子どもの脳がねらわれている』(共著、アドバンテージサーバー)他。

❖編集者紹介

志澤佐夜（しざわ・さよ）

1946年、横浜生まれ。左手指の欠損を持って生まれる。

1971年〜2007年まで、日本教職員組合に在職。そのうちの10年（1981年〜91年）を教研担当局で過ごす。当時の第13（障害児教育）分科会、第18（人権教育）分科会の対策会議も担当する。

現在は、東京・練馬の地域運動のいくつかに所属。練馬区障害者計画懇談会委員。

共著に、『さっちゃんのまほうのて』(偕成社)、『こどものことば』『おばあさんになるなんて』(共に晶文社)、『子どもの権利条約と障害児』(現代書館）がある。


「共に学ぶ」教育のいくさ場《ば》——北村小夜の日教組教研・半世紀

2010年11月20日 第1版第1刷発行

編　者　志澤佐夜
発行者　菊地泰博
組　版　メイテック
印　刷　平河工業社（本文）
　　　　東光印刷所（カバー）
製　本　越後堂製本
装　幀　若林繁裕

発行所 株式会社 現代書館
〒102-0072 東京都千代田区飯田橋3-2-5
電話 03(3221)1321 FAX03(3262)5906
振替 00120-3-83725 http://www.gendaishokan.co.jp/

校正協力・迎田睦子
 ISBN978-4-7684-3509-0
定価はカバーに表示してあります。乱丁・落丁本はおとりかえいたします。